突发事件下城市轨道交通客流演化及其控制方法研究

曾 璐 秦 勇 刘 军 著

北 京

冶 金 工 业 出 版 社

2023

内 容 提 要

本书以突发事件下城市轨道交通网络运营为背景，针对路网供给侧不能满足需求侧的现象，探讨了网络和车站客流控制方法，以及不同突发事件场景下乘客选择行为特征、控制模型和判定方法，并开展了实证研究。主要内容包括绪论、相关理论基础、突发事件下城市轨道交通客流特点及运输组织理论、城市轨道交通路网客流 OD 动态估计、路网客流动态分布推演仿真方法、突发事件下路网客流分布规律、网络客流控制方法、车站客流控制方法。

本书可供城市轨道交通行业的管理人员、技术人员阅读，也可供政府相关部门工作人员、高等学校城市轨道交通相关专业师生参考。

图书在版编目(CIP)数据

突发事件下城市轨道交通客流演化及其控制方法研究/曾璐，秦勇，刘军著．—北京：冶金工业出版社，2021.8（2023.11 重印）
ISBN 978-7-5024-8747-8

Ⅰ.①突…　Ⅱ.①曾…　②秦…　③刘…　Ⅲ.①城市铁路—轨道交通—交通运输安全—交通运输管理　Ⅳ.①U239.5

中国版本图书馆 CIP 数据核字（2021）第 032362 号

突发事件下城市轨道交通客流演化及其控制方法研究

出版发行	冶金工业出版社	电　话	(010)64027926
地　址	北京市东城区嵩祝院北巷 39 号	邮　编	100009
网　址	www.mip1953.com	电子信箱	service@mip1953.com

责任编辑　杨　敏　美术编辑　彭子赫　版式设计　禹　蕊
责任校对　郭惠兰　责任印制　窦　唯
北京建宏印刷有限公司印刷
2021 年 8 月第 1 版，2023 年 11 月第 2 次印刷
710mm×1000mm　1/16；10.75 印张；210 千字；163 页
定价 65.00 元

投稿电话　(010)64027932　投稿信箱　tougao@cnmip.com.cn
营销中心电话　(010)64044283
冶金工业出版社天猫旗舰店　yjgycbs.tmall.com
（本书如有印装质量问题，本社营销中心负责退换）

前　言

　　城市轨道交通由于其快速、便捷、高效等特点，已经成为城市交通系统中的重要组成部分，与人民生活息息相关。随着城市轨道交通建设规模的迅猛发展，并逐步进入成网时代，网络规模效应使其对客流的吸引能力急剧增加，产生了大客流现象。城市轨道交通大客流包括通勤大客流、节假日大客流、大型活动突发性大客流等。此外，还有因不可预知的突发事件（自然灾害、设备故障、社会事件等）产生的客流。

　　目前，我国城市轨道交通客流控制尚处于经验化管理阶段，比较缺乏突发条件下客流控制方法体系。在客流控制实施的过程中，我国目前主要采用的是静态控制。以历史客流数据分布特点为基础，假定客流规律不变的前提下，根据所掌握的历史客流规律制定相应的客流控制方案。静态控制对于客流相对稳定的条件下效果较为显著，当客流波动较为明显时（如突发事件、大客流条件下）则难以发挥控制效果。由于突发事件的发生，导致路网客流分布突变，随着突发客流在路网传播以及应急措施之间的相互作用影响，控流节点和强度处于动态变化的过程。因此，对于突发事件下客流，需构建科学的控制方案以及评估手段，从而更好地进行控流组织。

　　本书以特大网络突发事件下客流为研究对象，在假设给定服务水平不够的条件下，研究我国城市轨道交通客流控制问题。依据路网客流传播规律，从系统可控的角度，提出城市轨道交通客流控制方法，均衡路网客流时空分布，优化供需矛盾。尽管我国城市轨道交通已多次开展客流控制探索实践，但尚缺乏较完整的理论和方法体系。本书对相关问题进行了研究，具有以下理论和实践研究意义：

（1）以实际生产需求特性为基础，通过对突发事件下城市轨道交通客流控制问题的研究，形成片、线和点的层次分析结构，提出一套适合我国城市轨道交通客流控制的方法，进一步丰富和发展需求管理的理论体系。

（2）对于突发事件下路网客流时空分布规律的问题，基于 AFC 数据和突发事件下乘客路径选择行为特点，构建突发事件下乘客等待时间阶梯函数，提出一种基于 AFC 数据的乘客感知路径决策分析方法，更为精确地计算出路网各路径选择概率。

（3）对于网络客流控制问题，基于网络客流点线之间复杂耦合特点，从系统可控的角度，提出城市轨道交通客流网络可控性判定方法。建立基于驱动节点的路网控流车站辨识方法，实现在网络可控的前提下实施客流控制。

（4）对于站内控制问题，以控流车站为研究对象，基于排队网络理论构建车站多级排队系统，细化乘客从进站到上车整个走行状态，构建基于乘客安全损失值的多目标非线性车站客流控制模型，通过自适应粒子群算法进行求解，计算出时段内控流人数和放行人数。

本书的出版得到了江西理工大学、北京交通大学轨道交通控制与安全国家重点实验室的资助，以及北京轨道交通路网管理有限公司、广州市地下铁道总公司等单位的大力支持与协助，在此表示衷心的感谢！在撰写过程中，参考了有关文献，在此向文献作者表示诚挚的谢意！

由于作者水平所限，书中疏漏和不足之处在所难免，恳请读者和同行批评指正。

曾璐

2020 年 10 月

目　录

第一章 绪 论

截至 2019 年底，我国大陆地区已有 40 个城市开通了城市轨道交通系统，累积运营线路 208 条，运营里程达到 6736.2 千米。其中，地铁 5180.6 千米，占比 76.9%。从运营线网规模看，上海 809.9 千米、北京 771.8 千米居全国领先位置，我国已逐步形成超大线网规模。2019 年全年累计完成客运量 237.1 亿人次，比 2018 年增长 26.4 亿人次，如图 1-1 所示。其中北京地铁尤为突出，累计客运量 39.6 亿人次，日客运量为 1086.9 万人次，居全国首位。

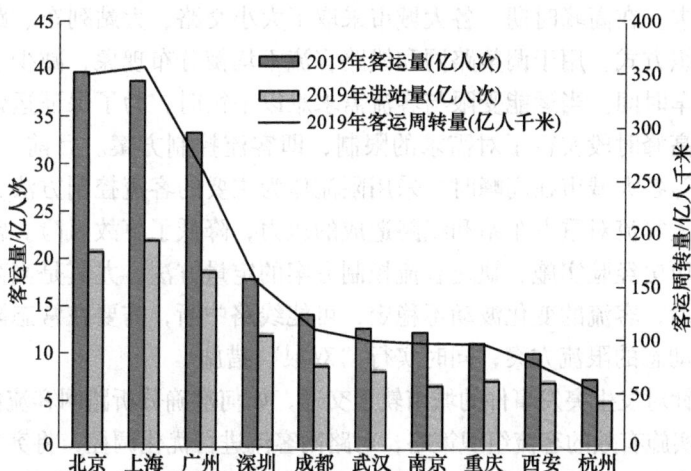

图 1-1 2019 年中国内地城轨交通客运量完成情况[1]

城市轨道交通由于其快速、便捷、高效等特点，已经成为城市交通系统中的重要组成部分，与人民生活息息相关。随着我国城市轨道交通的迅猛发展，网络结构也日趋复杂，系统耦合性增强、路网客运量持续攀升。

2019 年，全国城市轨道交通高峰小时最小发车间隔平均为 290s，进入 120s 及以内的线路共有 12 条。其中，以上海地铁 9 号线 115s 最短，广州地铁 3 号线 118s 次之。随着设备的更新及性能的提高，故障率有所下降，但绝对值却是增加的。2019 年，据不完全统计，共发生 5min 及以上延误事件 1416 次，平均 5min 及以上延误率 0.346 次/百万车·千米，列车退出正线故障共计 8953 次。北京地铁运营公司由于 2007 年、2008 年开通的线路已达到 10 年，加上发车间隔缩短，大部分设备和线路目前都已是超负荷运转，突发事件概率势必会有所增加。

城市轨道交通是人流密集的聚集场所，在规定的运行时间内，有限的地下空间承载着大规模的客流。城市轨道交通网络突发客流的产生会对网络中乘客的安全带来极大的影响。在客流大规模聚集的轨道交通车站，拥挤、踩踏是乘客安全的最大威胁。突发客流条件下，会导致前后节点的通行能力不足，节点出现拥挤。随着拥挤客流密度不断增加，人体之间的横向作用力不断增大，致使人群受力系统突变，进而发生拥挤、踩踏事故，造成人员伤亡。随着路网规模的扩大，既有设施设备老化的影响，使得城市轨道交通突发事件发生频率日益增加。一旦突发事件发生，轻则导致列车晚点，影响人们的正常出行，重则导致线路中断或损坏、人员伤亡、大面积网络瘫痪等，对人民的生命和财产造成极大的威胁。

早期在大客流的需求条件下，各大城市主要通过扩能，即修建运营线路、增加列车开行数量来满足客流的需求。当系统能力达到一定极限而路网能力仍然远远不能满足既有客流需求时，运营系统就得采用路网能力配置方案来满足高峰时段客流的需求。在高峰时期，各大城市采取了大小交路、大站列车、跨站运行等特殊行车组织方式，用于调整路网和线路客流不均衡分布现象，减少了大客流车站乘客的候车时间。当运能受限与客流需求难以平衡时，为了保证运营系统的安全，路网在高峰时段实行了对需求的限制，即客流控制方案。目前，我国北京、上海、广州等各大城市在高峰时段采用限流作为主要的客流控制方法，在一定程度上缓解了大客流对重点车站和线路造成的压力，降低了事故风险。常态限流基本都是依据历史经验实施，缺乏客流控制方案的定量方法，尤其是当高峰时段突发事件发生后，客流的变化波动不稳定，可能线路中断，需要在常态限流方法的基础上实施动态的限流方案，同时实行"双限"措施。

因此，针对发生突发事件的城市轨道交通，如何准确分析路网客流的复杂动态演变过程，实施有效的客流组织策略，对路网客流进行优化调控，将突发事件的损失降到最低已成为我国城市轨道交通路网安全高效运营管理迫切需要解决的问题。

本书以特大网络突发事件下客流为研究对象，在假设给定服务水平不够的条件下，研究我国城市轨道交通客流控制问题。本书依据路网客流传播规律，从系统可控的角度，提出城市轨道交通客流控制方法，均衡路网客流时空分布，优化供需矛盾，进一步丰富客流控制理论和方法。针对突发条件下界定路网客流分布规律的问题，为了更好地刻画突发事件下乘客路径选择行为，考虑乘客路径决策受期望到达时间约束影响，提出了基于 AFC 数据的乘客感知路径决策分析方法；对于突发事件下路网客流供需矛盾和时空分布不均衡的问题，建立基于驱动节点的城市轨道交通客流网可控性判定模型，提出路网控流车站辨识方法；考虑突发事件下车站乘客排队前后状态，对乘客从进站到上车整个走行过程进行点线分析，提出考虑乘客安全损失值的车站客流控制方法，在给定服务水平条件下优化站内控制。

第一节　城市轨道交通突发事件

突发事件由于其突发性及危害性等特点在不同程度上对我国社会经济、人民生活等方面造成了严重影响，因此也越来越受到人们的关注。

突发事件是一个相对模糊的概念，其定义也有多种表达方式。国际上对突发事件有代表性的定义主要有欧洲人权法院对"公共紧急状态"（Public Emergency）的解释，即"一种特别的、迫在眉睫的危机或危险局势，影响全体公民，并对整个社会的正常生活构成威胁"[2]。在汉语中，关于"突发事件"的近似提法还有"紧急事件""紧急情况""非常状态""戒严状态"等，这些提法在词语的描述上不尽一致，但其内涵大致相当。

美国对突发事件的定义大致可以概括为：由美国总统宣布的，在任何场合、任何情景下，在美国的任何地方发生的需联邦政府介入，提供补充性援助，以协助州和地方政府挽救生命、确保公共卫生及财产安全或减轻、转移灾难所带来威胁的重大事件[3]。国内学者从不同领域对突发事件进行了定义。黄典剑[4]认为突发事件是指突然发生的，造成或者可能造成人员伤亡、财产损失、环境破坏和重大社会影响，危及安全的事件。任生德[5]认为突发事件是通过一定的偶然性契机诱发的，是事物内在矛盾由量变到质变的飞跃过程。王劲峰等[6]定义突发事件为：在一段时间内，事物的变化幅度超过某个临界点，在一定的空间范围内对人类造成的心理、经济等的冲击力大于一定限度的现象，如地震、海啸、火灾、恐怖爆炸等。

祁明亮[2]等定义突发事件为：危害社会安全稳定的突然爆发性事件。它具有不确定性、破坏性、社会性、综合性、突发性、紧急性等特性。

比较分析上述提法，不难归纳出对于突发事件的科学定义[7]：

从狭义上来讲，突发事件是指在一定区域内，突然发生的规模较大，对社会产生广泛负面影响的，对生命和财产构成严重威胁的事件和灾难。

从广义上来说，突发事件是指在组织或者个人原定计划之外或者在其认识范围之外突然发生的，对其利益具有损伤性或潜在危害性的一切事件。

从不同类型的定义中不难看出，突发事件的发生往往打破常规正常运转均衡状态。当然，它的发生及发展过程也是一个从量变到质变的积累过程。由于它有突发性这一特点，所以它的发展过程有时会在比较短的时间内完成。突发事件一旦出现，往往会对其周边范围产生极大的影响，同时具有蔓延性，使得日常生活秩序产生极大的变动，对人民工作和生活产生干扰；而且突发事件发生后，很难在较短的时间内恢复到均衡状态，即正常运行状态。因此我们认为，就本质上而言，突发事件扮演了一个均衡状态破坏者的角色。比较分析上述提法，不难归纳出对于突发事件的科学定义。

按照《中华人民共和国突发事件应对法》中对突发事件的定义，我们认为突发事件（Emergency Event），即紧急事件，是指突然发生，造成或者可能造成严重社会危害，需要采取应急处置措施予以应对的自然灾害、事故灾难、公共卫生事件和社会安全事件[8]。

根据《国家突发公共事件总体应急预案》标准，按照各类突发事件严重程度、性质、可控性和影响范围等因素分成 4 个等级，Ⅰ级（特别重大）、Ⅱ级（重大）、Ⅲ级（较大）和Ⅳ级（一般）。突发事件依据类别特点分为自然灾难、事故灾难、公共卫生事件和社会安全事件四大类[9]。在地铁突发事件发生的应急管理分级中，根据行车事件、列车设备事件、施工事件和气候灾害事件等分类的标准不同，地铁突发事件的分级标准也不同。如按照地铁行车事件分级，根据事件的性质、损失及对行车造成的影响，分为特别重大事件、重大事件、险性事件和一般事件；按照地铁施工事件分级，根据突发事件的严重程度由高到低，分为一级事件、二级事件和三级事件；按照地铁列车设备事件，又可分为一般事件、重大事件和特大事件等。

一、城市轨道交通突发事件的界定

目前我国城市轨道交通系统是承载着大客流量的快速复杂系统，社会环境、自然环境、人文因素等都对城市轨道交通系统的安全运营有着重大影响。

城市轨道交通突发事件大体上可以分成两大类。一类是可预知的突发事件，比如重大节日和活动等；另一类是不可预知的突发事件。Stewart 等指出，不可预知的突发事件往往是非重复性的、非结构性、不固定的事件；并指出不可预知的突发事件具有罕见性、不确定性、危害性强和复杂等特点[10]。对于可预知的突发事件，其发生位置、持续时间、影响范围等因素预知性较强的，应急处置方式可基于既有研究和数据形成较为成熟的处置措施，因此受影响规模及损失相对较小。但不可预知的突发事件具有突发、复杂、预测性较弱等特点，现有的预案与突发事件匹配性较差，故难以生成时效性和针对性较强的应急处置方案。本书研究的突发事件属于第二类，即不可预知（非常规）的突发事件。

突发事件情况即非正常情况指因列车晚点、区间短时间阻塞、大客流以及设备故障等原因，造成列车不能按列车运行图正常运营，但又不危及乘客生命安全和严重损坏车辆等设备，整个系统能够维持降低标准运行的状态[11]。

城市轨道交通突发事件定义为：由于城市轨道交通线路、车站内发生的列车故障损坏、人员伤亡、爆炸、恐怖事件、自然灾害和恶劣天气，或因客流冲击、群体服务事件等异常原因造成的中断运行的非正常情况。

二、城市轨道交通突发事件原因

任何突发事件的发生既有偶然性也有必然性，它不是孤立存在、发生发展的。整个城市轨道交通系统可以分解成人-机-环三大因素。人包括城轨系统内的乘客和员工；机包括系统内所有列车及服务设施设备；环指城市轨道交通系统运营的外部和内部环境。这三者间通过信息传递、加工、联合和控制，形成一个相互关联的复杂系统，使城市轨道交通系统呈现"安全、高效、绿色"等特点。这三大因素存在多人、多机现象，加上彼此之间的关系错综复杂，因此属于复杂的人-机-环系统。

当这三大因素处于正常状态或是较优状态时，系统是稳定的。当这三大因素的任一因素出现异常情况，或者彼此之间的异常状态相互叠加时，就有可能导致产生突发事件，如图 1-2 所示。图中深灰色部分代表突发事件发生的概率。从分布上来看，突发事件的发生既可能由人、机、环单个因素引起，也有可能是两种，甚至三种引起的。

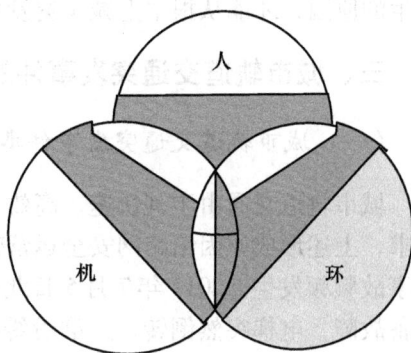

图 1-2　城市轨道交通人-机-环系统

通过分析城市轨道交通突发事件，发现其发生具有以下原因：

（1）突发事件的发生具有突发性，但是发生的原因早就形成，只是尚未被人发觉或发现。随着时间的推移，原因的影响因子不断放大，当满足它释放的条件成熟时，不安全因素就显现出来，导致突发事件的形成。

目前我国城市轨道交通已经成网，车站与车站、车站与线路、线路与线路之间彼此之间互相影响。当某个点或某条线发生突发事件，会通过网络进行传播并放大，从而影响整个网络的状态。

（2）城市轨道交通突发事件的风险因子是多样复杂的，且多为非线性关系。各种风险因子在量变和时间累积的基础上，彼此之间会发生变异和转移，变成事故因子，当时机和条件成熟时就会引发突发事件。

（3）突发事件的人为影响。统计分析我国地铁运营公司历年突发事件，发现由于人为因素导致突发事件发生的比例高达 74%。一类原因主要是由于员工违章操作、漏检漏修、误操作、违规指挥、管理不到位、生理和心理上应力等；另一类原因就是进入城市轨道交通系统乘客自身不安全行为导致。例如：乘客个人或群体行为误入或闯入正线运营轨道、跳轨自杀、聚群扰乱等。

（4）突发事件的"机"为影响。"机"的风险因子包括列车故障、线路故障、供电、信号、闸机、电梯等故障。故障本来就是一个广义的概念，导致故障的原因很多，因此排查和检测所需的时间也是模糊的。目前由于故障原因导致我国城市轨道交通突发事件发生，引起的中断时间相对较长。应急处置过程时效性相对较弱，不像有人跳轨等突发事件已经有一套非常成熟完善的应急预案。

（5）突发事件的"环"为影响。"环"的影响因素包括自然现象、恐怖主义行为、社会公共卫生事件。这部分影响因素种类多样，形态复杂，造成突发事件后果也较为严重。

上述各类原因导致了突发事件类型的多样性和复杂性。因此，无论在事前还是事后，都要对事件的影响因素进行详细的界定和分析。只有深入分析突发事件产生的原因，才能从根本上减少突发事件的发生和发展。

三、城市轨道交通突发事件的类型及特点

（一）城市轨道交通突发事件类型

城市轨道交通由于其快速、高效、成网等特点对安全运营提出了更为严格的要求，上述形成原因给路网安全运营带来一系列挑战。近些年，世界城市轨道交通事故频频发生。2011年7月5日北京地铁4号线动物园站A口上行电扶梯发生设备故障，电梯突然倒转，人群纷纷跌落，导致踩踏事件发生，造成1人死亡、3人重伤、26人轻伤；2011年9月27日，上海地铁10号线新天地站设备故障，致使一列列车行至豫园至老西门下行区间不慎与前车发生追尾，造成271人受伤。2006年，西班牙城市巴伦西亚发生地铁脱轨事件，导致41人死亡、47人受伤；2009年6月22日，华盛顿地铁列车发生追尾事件，共造成9人死亡、76人受伤，这也是华盛顿33年来发生的最严重的一起地铁事件。此外，由于城市轨道交通地理位置较为封闭且很大程度是处于地下，原因较为隐蔽，一旦发生突发事件，态势也较难以控制，因此，城市轨道交通也成为恐怖组织的主要袭击目标之一，在国外尤其显著。例如1995年3月20日震惊世界的东京地铁霞关站受到沙林毒气的袭击，累计13人死亡、5511人中毒。2010年3月29日，莫斯科市"卢比扬卡"地铁站内一节车厢发生恐怖爆炸，造成至少25人死亡，另有10多人受伤；2011年，白俄罗斯明斯克总统官邸附近地铁站发生恐怖爆炸事件，造成至少12人死亡、204人受伤。

由于城市轨道交通突发事件的形成原因复杂众多，因此突发事件的类型也是种类繁多。依据不同的标准和划分方式，城市轨道交通突发事件的类型也有所不同。根据相关标准，结合城市轨道交通突发事件特点，可将城市轨道交通突发事件分成以下几类：

（1）依据《地铁运营安全评价标准》，根据人员伤亡、直接经济损失、行车事故的定义，可将城市轨道交通运营事故分成五类[12]，见表1-1。

表 1-1　城市轨道交通运营事故分类

事故等级	危害程度		
	人身伤亡	直接经济损失	行车事故
特别重大事故	死亡 30 人及以上	1000 万元及以上	—
重大事故	死亡 3 人以上或重伤 5 人及以上	500 万元及以上	中断行车时间 $t \geqslant 180\mathrm{min}$
大事故	死亡 1~3 人以上或重伤 5 人及以上	100 万~500 万元	中断行车时间 $60\mathrm{min} \leqslant t < 180\mathrm{min}$
险性事故	—	—	（1）列车冲突、脱轨、分离或运行中重要部件脱落； （2）列车冒进信号、擅自退行或溜车； （3）向占用闭塞区段发车； （4）列车错开车门、夹人走车、开门走车或运行中开启车门； （5）线路或车辆超限界
一般事故	重伤 1~2 人	1 万元及以上	中断行车时间 $20\mathrm{min} \leqslant t < 60\mathrm{min}$

　　其中，危害程度同时满足其中两项或两项以上条件者取最严重的条件作为事故等级划分依据。中断行车时间为 $20\mathrm{min} \leqslant t < 40\mathrm{min}$，计 1 起一般事故；$40\mathrm{min} \leqslant t < 60\mathrm{min}$ 时，计 2 起一般事故。每次事故轻伤 1 人时计 0.3 起一般事故。

　　（2）根据城市轨道交通突发事件的定义及突发事件的形成原因，可将城市轨道交通突发事件分成以下几类：

　　1）自然灾害。严重影响轨道交通正常运营，造成列车减速运行或行车中断的灾害，如沙尘暴、大雾、雷击、大雪、降暴雨和炎热高温、地震、山体崩塌、滑坡、泥石流、洪涝等。

　　2）设备故障、损坏等原因造成中断运行的非正常情况。事故类型可分为列车、通信、机电、供电、线路、土建等。运营线列车故障造成运营中断，具体可分为以下 3 类：

　　①列车脱轨。运营线上电动车辆、机车、车辆、轨道车车轮踏面脱离钢轨掉下轨道。在车场线以外的轨道交通运行线路上，发生的列车脱轨按运营线列车脱轨论。

　　②列车分离。列车在运营线上车辆与车辆间连接装置异常脱钩或断裂。在车场线以外的轨道交通运行线路上，发生的列车分离按运营线列车分离论。

　　③列车冲突。运营线上列车、机车、车辆间相互发生冲撞或列车与设备、设施及障碍物发生冲撞、刮碰。在车场线以外的轨道交通运行线路上，发生的列车冲突按运营线列车冲突论[13]。

3）社会公共事件。包括恐怖事件，各类刑事、治安事件，民众群体性过激言论或行为，造成运输设施设备毁坏或引起客流异常波动的事件。恐怖事件是指严重影响轨道交通乘客和运营安全的突发公共事件，如毒气、爆炸、枪击、劫持人质、纵火等。

（3）依据突发事件对行车线路造成的影响大小进行分类。

1）重要线路和其他线路发生事故。承载大客流的线路通常为重要线路或繁忙线路，当它与相邻线路发生突发事件后，不仅影响本线和相邻线，甚至还会影响非相邻线路的运行，从而导致局部网络大面积客流拥堵。

2）双线行车中断。突发事件发生后，本线与其中一条相邻线产生中断影响。

3）单线行车中断。突发事件发生后，对本线一个或多个区间多辆列车产生中断影响，从而影响区间和区段的通行。

4）本列车延误。突发事件发生后，只对本列车产生影响，影响程度仅为时间的延误，不对本线及其他线路的列车产生影响。

（二）城市轨道交通突发事件特点

分析公共突发事件和城市轨道交通突发事件形成的原因，发现城市轨道交通突发事件具有如下特点：

（1）突发性。轨道交通系统的突发事件的发生往往没有征兆或征兆很少，很难被发觉或预测。虽然近些年随着科学技术的发展，人们提高了对自然环境的预测精准性，但是对于大多数的破坏性自然灾害发生的时间、地点以及影响范围要实现准确实时性强的预测仍然存在困难。列车及设施设备的使用可靠性、人为因素等引发的突发事件更是难以准确把握。

（2）不确定性。包括城市轨道交通突发事件发生时间、地点、影响范围、持续时间等的不确定性，发展的不确定性以及造成的伤害不确定性。由于多种属性参数的不确定性，导致列车行车调度、客流组织等措施实施在某种程度上也体现出模糊性和随机性。

（3）多样性。指城市轨道交通突发事件起因的多样性。首先各类自然灾害会引起列车运营线路的中断；其次，运输系统中的各类设施设备和通信设备是否正常运行也会直接影响列车的安全高效运行；最后，各种人为因素，包括乘客、工作人员个人及其相互之间生成的复杂事件也会影响到系统的正常运营。

（4）复杂性。城市轨道交通系统本身属于复杂巨系统而且具有网络化特征，事件易于传播，而且在传播过程中受多种因素影响，产生次生事件和叠加事件。如火灾、地震事件中发生人员踩踏事故，单线晚点造成相邻线或非相邻线大面积乘客滞留等。

（5）严重性。轨道交通突发事件一旦发生，往往由于其空间地理位置受限且处于狭小半封闭状态、客流密集高等，使客流疏散、应急救援以及应急处置措施的有效实施产生了很大难度，进而造成较严重的后果。轻则列车延误晚点，乘客大量滞留；重则导致人员伤亡，大面积的城市轨道交通基础设施损坏等。

（6）联动性。在处理城市轨道交通突发事件时，有时单靠城市轨道交通运营部门力量不够，往往需要政府和轨道交通各个公共部门共同协作，适时启动地面公共交通运力的支援和配合。

（7）行车组织内容的差异性。依据城市轨道交通突发事件分类方法的第三种，由于突发事件对城市轨道交通运输系统影响程度的不同，行车组织应急处置措施也是有差异的。当突发事件对城轨系统影响程度较小时，通常在发车时间维度上调整。当突发事件对城轨系统影响程度较大，仅仅通过对本线或本区间列车的运行计划时间调整并不能缓解突发所造成的线路影响时，此时需通过调整列车的线路开行方式和停站策略，同时也包括发车时间和间隔的调整等。

（8）客流组织的差异性。由于突发事件对城市轨道交通运输系统及客流的影响程度不同，客流组织应急处置措施也是有差异的。应根据受影响客流的分布情况和乘客滞留情况，实施不同的客流组织措施，例如，封站、限流、疏散等，实施过程中也可能是几种措施相结合。

第二节 突发事件下客流控制问题分析

客流控制问题是我国轨道交通快速发展时期以及网络化运营实施阶段面临的新问题，在基础理论、构建方法、制定标准方面尚比较缺乏。因此，有必要建立相关理论体系来指导实际工作，完善轨道交通客运组织理论。

一、客流控制机理

《城市轨道交通运营安全管理规范》中定义客流控制（限流）是指为客运组织安全需要而采取的限制乘客进站速度的安全措施。

《北京地铁路网限流规范》中定义客流控制为采取措施限制乘客进站或换乘。

目前，对客流控制尚缺乏统一的定义。结合相关研究，本书对客流控制所作定义为：城市轨道交通运营管理部门为了缓解需求侧与供给侧之间矛盾制定和实施的客流组织策略。

广义客流控制是以损失乘客出行时间和降低运输服务水平为代价，保障城市轨道交通运营安全为目的。客流控制机理如图1-3所示。车站客流控制通过控制乘客进站速度来降低单位时间内进入车站的客流量，从而缓解客流需求与运输能力之间的矛盾，将客流需求在时间分布上进行调节，缓解路网客流拥挤压力。客流控制在短时间内并没有减少客流量，但是从长期来看，对乘客出行选择会产生

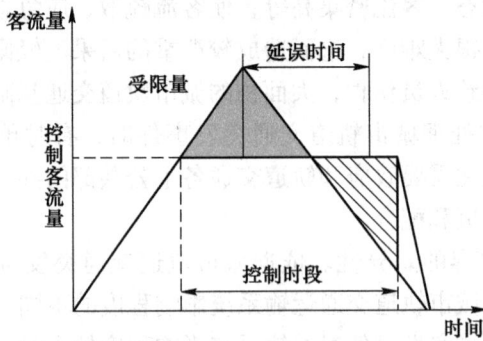

图 1-3　客流控制机理

一定的影响。具体表现在：

（1）对于非刚性需求的乘客，由于实施客流控制，通常会放弃出行选择，避开控流车站，更换其他线路；

（2）对于短途乘客，通常会变更其他的交通方式；

（3）对于刚性需求乘客，会改变出行时间，比如提前或者延迟出行。

虽然长期客流控制会影响乘客出行选择，不过此过程是缓慢发展的，可逐步诱导乘客选择行为，使路网服务水平和结构特性相均衡。

二、供给侧分析

城市轨道交通路网的供给侧包括线路运输能力和车站服务能力两个方面，如图 1-4 所示。

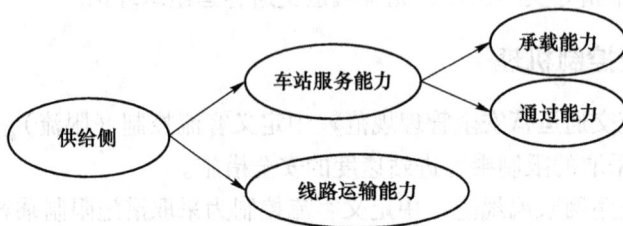

图 1-4　供给侧的特性

线路运输能力主要是以线路开行的列车数量来度量，描述了在一定开行列车数量的前提下，线路在单位时间内所能输送的客流。线路的运输能力影响着车站与车站之间的客流变化，当列车将车站站台的乘客不断输送到其他车站时，乘客会随着列车的到达上下车，不同车站站台客流量也迭代发生变化。线路的运输能力由发车间隔和列车荷载两大因素决定。

线路运输能力越大，对路网的拥挤缓解程度也越大。对于车站而言，客流拥挤是否能得到有效解决取决于到达列车的可利用运输能力。实际当中很多车站实施客流控制不是因为本站客流量过大，或者本站能力不足，而是因为前方车站占用了过多的运能导致到达车站可使用的运能不足，从而产生站台乘客拥挤现象。车站的运输能力定义为车站单位时间内接收和发送乘客的数量。t_1 时刻到 t_2 时刻车站的运输能力可表达为：

$$C_t = \sum_{s=0}^{i} \left(\int_{t_1}^{t_2} flow_{u,s}^{le} dt + \int_{t_1}^{t_2} flow_{u,s}^{ar} dt + \int_{t_1}^{t_2} flow_{d,s}^{le} dt + \int_{t_1}^{t_2} flow_{d,s}^{ar} dt \right) \quad (1-1)$$

式中　$flow_{u,s}^{le}$——单位时间内上行出站客流量；

$flow_{u,s}^{ar}$——单位时间内进站上行客流量；

$flow_{d,s}^{le}$——单位时间内下行出站客流量；

$flow_{d,s}^{ar}$——单位时间内进站下行客流量。

车站的服务能力包括车站的承载能力和通过能力。车站的承载能力主要指车站内站台、站厅和站外的承载能力，例如站台长度和宽度、站台的有效面积、楼梯扶梯电梯的数量和方向、通道的长度和宽度等。

车站的通过能力指车站客服设施设备的通过能力，依据其功能属性的不同可分为两大类：一类是出入口、安检设备、售票机、进出闸机等通过设备，其通过能力由单位时间内通过该设备的客流量表示；另一类是站台、站厅等容纳设备，其容纳能力用单位面积所能容纳的客流量表示。

t_1 时刻到 t_2 时刻车站的承载能力可表达为：

$$C_{se} = \sum_{s=0}^{i} \left(\int_{t_1}^{t_2} flow_{u,s}^{in} dt + \int_{t_1}^{t_2} flow_{u,s}^{out} dt + \int_{t_1}^{t_2} flow_{d,s}^{in} dt + \int_{t_1}^{t_2} flow_{d,s}^{out} dt \right) \quad (1-2)$$

式中　$flow_{u,s}^{in}$——单位时间内上行到达车站 s 的客流量；

$flow_{u,s}^{out}$——单位时间内上行离开车站 s 的客流量；

$flow_{d,s}^{in}$——单位时间内下行到达车站 s 的客流量；

$flow_{d,s}^{out}$——单位时间内下行离开车站 s 的客流量。

三、需求侧分析

城市轨道交通客流是指单位时间内，轨道交通线路上乘客的移动数量和流动方向的综合。客流属于矢量，表示了空间位移及其大小，并具有精确的起讫点。需求侧主要是指城市轨道交通客流需求，包括客流大小、时间到达集中度、客流方向等。影响上述因素还与乘客出行的需求有关，例如 OD、旅行时间、拥挤度、换乘和走行距离等。

当客流需求越大且方向性明显时，引发客流拥挤的可能性也越大。当单位时间内客流量超过到达列车的剩余运输能力时，便会产生乘客站台滞留，连续多趟列车情况下将会出现严重的站台客流拥挤。

四、两者关系分析

供给侧和需求侧不匹配的矛盾主要包括三方面：

（1）数量上的不匹配。需求侧超过了供给侧的上限，形成了永久性能力瓶颈。

（2）时间分布的不均衡。指某短时段内需求侧超过了供给侧的供给能力，早晚高峰时段表现最为突出。

（3）空间分布的不均衡。指方向性的通勤客流或突发条件下客流在路网局部出现严重拥挤，而其他区间能力富余。

对于线路和车站而言，当区间通过客流量大于运输能力（不考虑能力约束）时，产生车站拥挤现象。需求与运能之间的差值越大，表示供需矛盾越严重，相应车站的拥挤现象越明显。可表达为：

$$\Delta df_m(t) = D_m(t) - C_{tr,m}(t) \tag{1-3}$$

式中　　$\Delta df_m(t)$ —— t 时段内区间 m 的客流需求与运输能力的差值；

　　　　$D_m(t)$ —— t 时段内区间 m 的客流需求；

　　　　$C_{tr,m}(t)$ —— t 时段内区间 m 的运输能力。

供给侧与需求侧在时空上的不匹配可以通过运输组织进行优化调整，但永久性能力瓶颈很难短时间内消除。网络客流控制方案生成流程如图 1-5 所示。

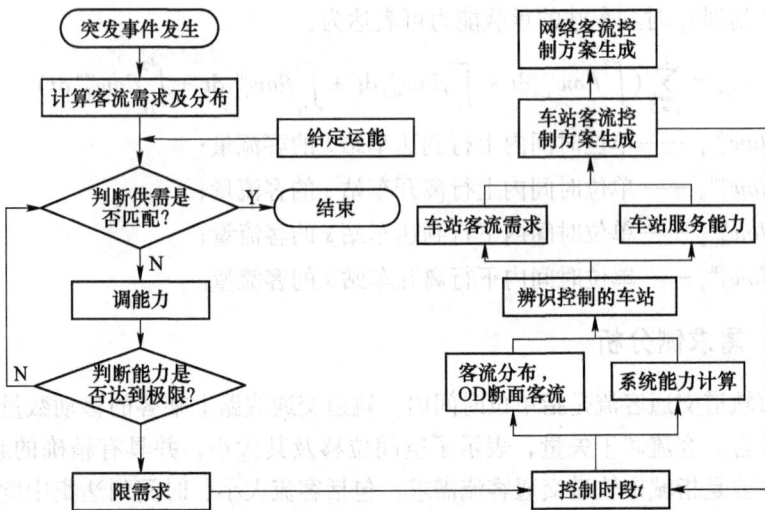

图 1-5　网络客流控制方案生成流程

面对突发条件下的客流，运营管理者需将增能和控流结合起来。增加运能一直是运营方努力的目标，在硬件条件允许的前提下，持续不断地实施增能措施，根据客流分布需求，优化列车运行组织方案，发挥设备的最大功效。由于客观条件的限制，增加运能有一定的上限，当供给侧达到上限时仍然不能满足需求侧时，就需要通过限需求来缓解两者矛盾，保障路网运营安全。

五、客流控制分类

从控流范围角度而言，客流控制分为车站级、线路级、网络级三种控制模式。线路级和网络级控制同时对多个车站进行控制，又称为协同控制。

车站级客流控制：指受站内基础设施（闸机、扶梯等）通过能力限制而产生站内客流拥挤，拥挤点主要出现在楼扶梯等能力薄弱点，通过在控制点处进行控流可缓解拥挤状况。

线路级客流控制：因区间输送能力不足导致乘客大量滞留站台，且到达列车能力饱和，持续一定时间内本站上车率较低，通过本站的客流控制已不能缓解拥挤状况，需采取车站间的协调控制，通过降低上游车站的进站量，来缓解后方车站客流压力。

网络级客流控制：在线路级控制模式下仍不能有效缓解区间拥挤问题，且受其他线路换乘客流影响较大，需采取网络级控制模式，减少其他线路换入本线的客流量。根据不同的需求特点及拥挤特征可选择不同的控流模式。

根据控制措施应用形式的不同，客流控制又可分为常态性限流和临时性限流。

常态性限流是指在一定时期内特定时段采用相同的限流措施，主要应用于早高峰时段。

临时性限流是对车站进行短时不确定限流，主要针对由于突发事件、大型活动及恶劣天气等原因而形成的突发大客流，根据实时客流状态设定限流措施。

常态性限流针对的是永久性能力瓶颈问题，当输送能力已经达到极限时仍无法满足客流需求，为保障运营安全，必须对进站客流予以控制，该现象在市郊线路以及陈旧的市区线路上表现尤为明显。

从控制措施的实施过程来看，客流控制又可分为静态控制和动态控制。

静态控制：是指以历史客流分布特征为基础，假定客流规律保持不变，通过对历史客流规律的把控来制定相应的客流控制方案。常态性客流控制方案属于静态控制，在一定时期内采用相同的控制措施。静态控制在客流相对稳定的条件下具有良好应用效果，例如高峰时段。然而当客流波动较大时难以发挥控制效果。

动态控制：建立在实时监测客流并实时调整控制参数的基础上，其特点是以实时客流状态为基础，当客流达到设定阈值时就采取控制措施，调节客流流入量，从而保持设备处于安全服役状态。动态控制适用于客流波动变化明显的条件，例如突发事件、大客流等。

第二章 相关理论基础

第一节 路网客流分布规律研究

路网客流分布规律分析的核心问题为配流方法的研究。城市轨道交通客流分配方法基本是基于城市道路交通流分配理论。交通流分配技术源于 Wardrop 第一、第二原理[14]。目前可将网络客流分配分为均衡和非均衡两大类，如图 2-1 所示。

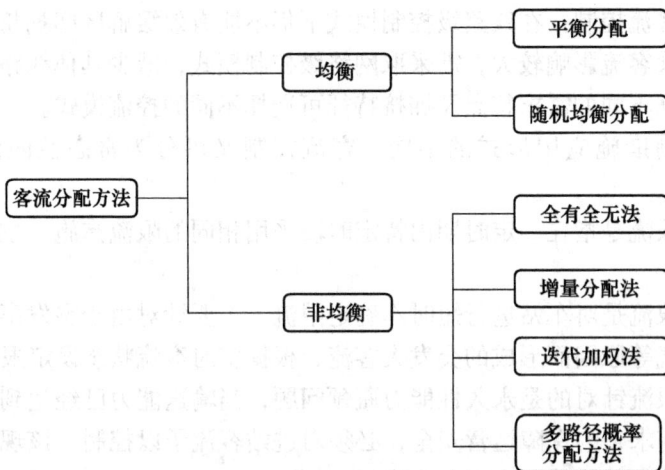

图 2-1 客流分配方法

突发情况下网络客流分布变化规律的分析方法主要包括两方面：一方面是从乘客出行路径选择角度，乘客路径选择的结果决定了客流在路网的分布状态；二是从网络结构拓扑方面进行分析。

一、乘客路径决策分析

目前路径决策分析方法主要分为两大类，具体研究方法树如图 2-2 所示。

数据驱动方面：Silva[15]基于历史 AFC 刷卡数据构建了线网区间中断和车站运营中断下乘客行为影响分析的统计学方法。该方法融合样条插值、自回归和多元线性拟合等统计学模型，来估计车站或线路区间中断给出站客流量带来的影

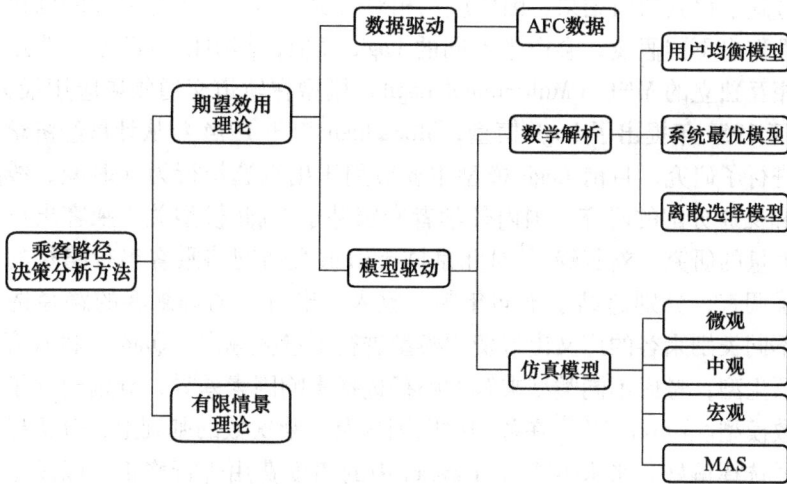

图 2-2　乘客路径决策研究方法树

响。但是该研究的对象是已经发生的运营中断，而且仅仅关注运营中断对出站客流量的影响。Van[16] 提出了一个基于大量智能交通卡刷卡数据的两阶段方法研究大规模运营中断的影响，该方法假设运营中断情况下乘客只会改变他们的出行路径，而不会放弃轨道交通而改乘其他交通方式，具有一定的局限性。Kusakabe[17] 基于智能卡刷卡数据构建了一种数据模糊的方法来估计出行行为的属性，和观察人们长期连续的出行行为演变规律。石俊刚[18] 等人提出了一种基于 AFC 数据的乘客出行路径选择比例估计方法。通过计算单路径旅行时间的概率分布参数，估计多路径 OD 间的路径时间概率分布参数，从而计算出各条路径的选择概率。Sun[19] 基于刷卡数据研究了地铁乘客的路径选择行为，通过调查获取进出站的步行时间，缺乏对 AFC 数据的进一步挖掘处理。张莉[20] 分析了地铁车站火灾突发事件下乘客心理及行为特征，在路径选择模型中考虑了环境与火灾产物对乘客路径选择影响，建立了基于元胞自动机的火灾疏散模型。徐瑞华[21] 等在城市轨道交通列车运营延误事件下，建立了基于正态分布概率模型的出行路径选择模型。Xu[22] 基于 AFC 数据，采用贝叶斯推理和基于 M-H 抽样的 MCMC 算法求解所述评定模型的未知参数，从而得到乘客路径选择的概率分布公式。突发事件下基于 AFC 刷卡数据对路网客流分布分析有较强的真实性，能够较为准确地刻画乘客出行选择行为。

模型驱动方面：现有的大多数模型都假设出行者选择（出行费用）最短路径，目前运用最多的是期望效用理论（EUT）和随机效用理论（RUT）。比较常见的模型包括 Logit 模型和 Probit 模型。由于 Probit 模型更加复杂，当 OD 对间的路径数量大于 2 时，既不能推导出路径被选择概率的数学解析式，又很难用多重积分的方式求得其数值结果，因此应用相对较少。当对各备选路径的随机项之间的相关性作出不同假设，会产生不同的 Logit 模型，其中以假设各备选路径的随机项为相互独立的 MNL（Multinomial Logit）模型在轨道交通领域应用最为广泛。Luce[23]于 1959 年提出了 Logit 模型，McFadden[24]于 1974 年从计量经济学角度对该模型进行了研究。目前 Logit 模型主要应用于出行选择行为（时间、线路、方式等）和交通分配的研究，国内外学者专家基于 Logit 模型关于乘客出行选择行为作了大量的研究。刘剑锋[25]对北京城市轨道交通网络乘客出行路径的影响因素进行了调查，分别总结了不同年龄、收入、出行目的等乘客的路径选择的依据，对不同类别乘客的广义出行费用模型进行了参数标定。Qiao[26]将乘客分为熟悉型和陌生型，考虑不同类型乘客的路径选择影响因素差异，分别建立了不同的效用函数模型。Raveau[27,28]在各项时间因素及换乘次数的基础上，分析出行者潜在的路径选择偏好。张永生[29]对 Raveau 中的角度费用进行修正，以满足角度费用值随偏离角度的递增而增大的要求。刘莎莎[30]针对乘客出行时间及年龄的不同，分别对效用函数模型进行参数标定。Yin[31]研究了城市轨道交通运营中断封站条件下的乘客路径选择行为，基于 0-1 整数规划描述始发站和目的站关闭的情景，构建了封站背景下乘客路径选择行为优化模型和分层离散模型；运用混合求解算法，实现对全路网客流集散的仿真和辨识。周玮腾[32]在列车容量约束和乘客留乘影响条件下，建立了基于拥塞的城市轨道交通客流动态分配模型，分析了乘客留乘费用的随机用户均衡关系。Gao[33]将城市公共交通系统定义为一种特殊的商品市场，其中乘客为消费者，运营商为生产者，乘客的出行服务为特殊的商品，构建了城市公共运输系统的市场均衡模型，通过求解得出在不同运营商和乘客之间的竞争和相互影响，同时可预测乘客最优路径决策和出行模式。

仿真模拟方面：从不同的粒度模拟评估突发事件下路网客流的分布情况，既有研究主要从宏观、中观、微观和 MAS 角度对突发事件下线网客流分布进行了仿真。罗钦[34]构建了城市轨道交通系统多路径客流分布仿真系统，对突发大客流和区间运营中断两类情况下的客流进行了仿真，统计得到了大客流对各线的影响时间和影响范围。蒋熙等[35]构建了基于乘客行为的路网仿真模型，描述了乘客出行和列车运行行为特点，利用路网客流分布与能力分布之间的关系衡量路网的协调性。姚向明[36]开发了基于乘客个体的动态客流分配仿真平台（SURPASS），该系统能够很好地模拟乘客在路网中的出行过程，解决大规模城轨路网动态配流问题。Othman 等[37]基于智能体的仿真模型刻画了大规模快速交通系统拥塞的动态特征。尹浩东[38]针对封站和区间中断条件下的乘客行为决策进行了研究，建立了乘客在封站条件下的出行选择行为优化模型，基于智能体（Multi-Agent System，MAS）开发了基于客流仿真的混合求解算法。

20 世纪 80 年代以前，对于出行者决策行为的研究基本上都把出行者假设成为一个理性人（Rational Actor），直至 1979 年，诺贝尔奖获得者 Kahneman 和 Tversky 在 Simon 的"有限理性"基础上应用经济学和心理学的相关原理提出了"前景理论"（prospect theory，PT），用于描述不确定性条件下人们的实际决策行为。1992 年二人又进一步提出了累积前景理论（Cumulative Prospect Theory，CPT），将风险的前景纳入效用体系中，选定参考点，通过与参考点的比较将损失和获得分开考虑，从而对多事件结果影响的前景进行量化分析。基于上述理论，Avineri[39,40] 验证了累积前景理论可以对交通运输领域很多与期望效用理论相悖的现象进行很好的解释，从而为决策者在不明确前景下的决策过程建模提供了良好的支持。徐红利[41] 等运用前景理论对路径选择行为规则进行了分析与实证。刘玉印[42] 以累积前景理论为基础，在路径出行效用连续随机分布的条件下对出行者的感知效用进行建模，最后将期望效用理论和累积前景理论进行了比对。由于参考点的取值基于出行情景，并随着出行情景的变化而动态更新，而且个体存在差异性，因此 CPT 很难直接给定合理的参考点。

二、网络拓扑结构分析

突发事件的发生会使网络局部区域出现大规模客流的集聚、消散和拥堵等现象，导致客流波动，使网络客流分布发生变化。网络拓扑结构分析方法主要从拥堵传播影响分析和复杂网络特征两方面展开。

拥堵传播影响分析：刘小霞[43] 建立了基于 SIR 的突发客流高峰网络传播模型，模拟突发客流在网络中的动态传播过程。牛龙飞[44]、吴璐[45] 基于 SIR 模型分析了大客流拥挤状态在网络各个站点间的传播过程及影响范围。高自友等[46] 采用微观与宏观相结合的方法建立拥堵传播模型，分析突发事件导致的交通拥堵传播规律。焦轩[47] 基于元胞自动机理论，考虑车站进出站客流时空特点及其对拥挤传播的影响，构建了描述轨道交通线网客流的拥挤传播模型。拥堵是突发事件对路网影响结果之一，SIR 和 CTM 模型能够从宏观层面较好地表现拥挤客流的传播规律，但是其建模过程对系统网络特性简化较多，未能完全体现轨道交通系统特征。

复杂网络特征：高洁[48] 在比较轨道交通网络和道路交通网络差异性的基础上，假设突发条件下乘客都为理性者，均选择最短路径，将路网中受影响的客流作为轨道交通系统抗毁可靠性的评价指标。Zhang[49] 研究了最大度节点、最高介数节点和随机攻击等策略下地铁网络的连通脆弱性问题。尹浩东[38] 采用改进复杂网络模拟攻击的方法，探讨了不同类型的运营中断对城市轨道线网宏观的连通特性和连通效率的影响。突发事件导致运营中断对网络的影响与不同策略对网络攻击特性相一致，但既有研究往往局限于点的攻击，对象较为单一。不同类型突发事件场景导致对路网的影响结果也不同，网络连通性、脆弱性和鲁棒性等指标变化程度也有所区别。

当突发事件下路网客流分布确定后，还需界定受影响范围以及受影响程度。既有研究主要从路网负载因素人和车两个角度进行分析。

受影响客流层面：洪玲[50]基于图论的方法建立了城市轨道交通网络局部中断评价模型，结合单位时间内站点间的起讫点矩阵建立了受影响车站的各种受影响客流的评价模型，计算了受影响车站的不同类型受影响乘客。De-Los-Santo等[51]研究了轨道交通网络乘客出行鲁棒性问题，通过对乘客鲁棒性分析得到对路网鲁棒性的判断，为研究运营中断对路网和乘客影响分析提供了思路。受影响客流在城市轨道交通网络中的传播机理与车站服务水平和列车运行情况有关，仅仅通过受影响客流程度界定受影响范围有一定的局限性。

行车组织层面：行车分析方法是以"车"为对象，间接考虑人（流）的特征。段力伟[52]分析了大客流的传播规律，构建了大客流对车站的影响模型，从车站服务水平和列车运行影响两个层面说明了大客流的网络化传播机理。乔珂[53]根据小交路的节点及折返站，确定了突发事件的"物理影响范围"，没有给出具体归类和实际数据的算例。徐瑞华[54]认为由于列车运行延误的发生具有随机性和不可预知性，其传播又受到列车运行图的制约控制，运行延误的发生及传播具有"随机有控"或"有控随机"的特点。江志彬[55]概括了城市轨道交通列车运行延误传播的特点为"直接性、快速性、双向性、向前传播性"。其中，向前传播性是城市轨道交通特有的、区别于铁路和道路交通系统的特点。从行车角度分析受影响范围可判断本线和相邻线的受影响情况，难以界定非相邻线受影响情况。

第二节　线网客流控制方法

交通需求管理包括浮动票价、客流控制、客流诱导、拥挤付费等，在道路交通领域拥挤收费（票价策略）成为缓解拥挤的主要措施。城市轨道交通客流控制属于需求管理（demand management）方式的一种，从需求的角度对客流时空分布予以调节。目前，限流成为各大城市轨道交通主要的客流控制方式，相比于票价、诱导等，限流作用更为迅速有效。

一、线路客流控制研究

随着客流控制的深入研究，仅考虑单个车站的客流控制有一定的局限性，需要从整条线出发，对整条线路上的所有车站及列车进行统筹分析，于是形成了单线多站协同控流方法。贺英松[56]针对两个车站间的协同控制问题，提出了基于优先级的车站协同控流计算方法。张正、蒋熙等[57]针对上游车站的客流进站速度，提出了单线多站联合客流控制的思想，通过相邻车站联合限流，实现优化客流控制的目的。依据流量平衡原理，通过不同车站上车人数的阈值计算出各车站的进站客流限速。不过其仅以两座车站为例进行分析，并没有应用到整条线上。刘晓华[58]等通过对高峰期客流控制分析，提出了车站联合控流的思想，通过控制上游车站的客流进站速度为本站预留列车输送能力。其还建立了联合控流情况下两座车站的客流进站速度的计算公式。通过对比分析得出，最优的控制方案需着重考虑同线车站的客流情况。许心越[59]构建了多个车站客流控制与线路运力资源配置同步优化的单线多车站协同控流方法，把车站和线路作为一个整体，以单个列车上的乘客数量变化为核心，实现了人、车站和列车的协同控流。Jiang[60]在既有研究基础上以上车总人数最多和各站上车比例方差最小为目标，构建了城市轨道交通系统的单线多站协同客流控制模型。赵提[61]构建了适用于线路的高峰客流协调控制模型，以线路总控制时段内客流总延误量最小、线路区间客流输送能力利用率最大为目标函数，以车站客流进站能力、线路区间客流输送能力、关键换乘站换乘能力和基于运营管理考虑的最大客流控制强度为主要约束。赵鹏[62]以乘客延误损失最小化和客运周转量最大化为优化目标，构建了城市轨道交通线路层客流控制模型，并以北京地铁 5 号线为例，对输送能力利用率、滞留率、滞留人数三个指标进行了分析。黄文慧[63]从路网和客流交互的物理机理出发，建立了轨道交通线路客流拥挤传播模型。通过分析单线客流拥挤传播的时空演变过程，提出了线路客流流入控制的原则和确定流程，以及关联车站的客流流入调整量计算方法。鲁工圆[64]提出了客流-运行图网络变换方法用以降低客流 OD 在列车运行计划下的移动行为，结合客流信息特征构建了以出发站、目的站和期望乘坐列车为参数的客流描述方法，构建了城市轨道交通线路客流控制的线性规划模型。贾宁[65]通过分析线路运营过程中列车与列车之间、列车与客流之间的协同关系，建立了城轨线路列车群协同运营控制模型，提出了高峰时段的客流控制策略。Jiang[66]将强化学习的方法用于优化车站时段内的流入量，计算出线路需要控制的节点和时间，通过减少流入量最大限度地降低车站安全风险和乘客被困的频率。该策略有助于缓解车站客流的拥堵，确保整条地铁线路的安全。

二、网络客流控制研究

随着网络化运营的逐步实施，线网间耦合性增强，仅仅考虑单线协同控流不够，因此有必要从网络角度考虑客流控制。刘莲花[67]通过对城市轨道交通网络客流特点以及对现有的客流控制方法的分析，在选定客流控制方案的条件下，计算出了控流数值，实现了单线及网络的联合控流模式的控流数值的计算。不过文中并没有给出具体的模型和计算方法。易晨阳[68]通过时间范围内散场客流对全网的影响分析，提出了控流的起止时段的计算方法。构建了以乘客忍受控流等待时间范围内输送客流总量最大，乘客等待时间最小的目标函数模型。姚向明[69]以网络客流需求及其分布特点为研究基础，建立了以乘客人数延误最小化及客流需求与运能匹配度最大化的线网层面客流控制模型，最后计算出目标条件下的控流强度。不过在模型当中考虑的是延误乘客总数量，这个参量并不能很好地反映客流受影响程度。郭建媛[70]考虑候车节点容量、列车容量、列车时刻表、出行需求等约束，构建以乘客平均延误时间和个体最大延误时间最小为目标的网络客流协同控制模型。叶青[71]在路网脆弱性分析的基础上，建立了网络客流协同控制双层优化模型。上层模型为管理者控制模型，以系统广义出行费用最小化为目标；下层为乘客路径选择模型，运用基于 SAB 的启发式算法求解模型，计算出控流车站在不同时段的最佳客流进入量。温念慈[72]通过考虑乘客需求、区间能力、换乘、站点的进站能力和站台容纳能力等约束，建立了以路网乘客平均延误时间最小和能力利用率最大为目标的城市轨道交通网络协同限流控制方法模型。Xu[73]考虑了进站和换乘客流的协同控制，构建了多站协同客流控制双层规划模型，上层目标是通过不同的客流控制策略优化系统性能，下层是在给定策略条件下基于 Logit 的随机用户均衡配流方法；通过控制冗余乘客，使其在给定设施排队等候，调整多站或多线的进站量和换乘客流量。

除此之外，由于国情原因国外地铁控流方面的研究相对较少。Suh[74]等根据首尔地铁 OD 客流预测，判断哪些车站可以越行，实现大站开快车的策略。Felipe[75]针对 Bus bunching 问题，构建了一种新的数学规划模型使得公交车辆在行驶过程中延迟时间达到最小。具体通过控制上车人数使得车辆运行速度提高，从而总延误时间最小，并且以巴西圣保罗地铁作为算例验证了方法的有效性。Ibarra-Rojas[76]总结了公交网络系统的实时控制策略，包括车站和站间控制。Xu[77]构建了多目标数学规划模型，在不确定需求的条件下通过控制断面运行时间和停车时间，最小化乘客的等待时间和旅行时间，同时针对不同类型的乘客需求提出了系统组织框架。

既有多站协同客流控制研究通常从单线角度考虑，当车站客流控制方案发生变化时，乘客的路径选择也会发生变化，线与线之间客流换入换出也会发生变化，因此仅从单线角度无法真实反映路网中的客流动态变化情况。国内现有研究主要从政策层面上提出原则性的方法和粗放型的客流组织策略，考虑多线之间的理论和可操作的定量方法较少。此外，既有多站协同客流控制研究大多仅考虑车站整体的进站控流，很少考虑换乘站的换乘分线控流等其他客流控制方法。目前的研究重点主要是单线协同控流或者局部线网建立微观模型提供控流措施，考虑路网整体稳定性优化控流方案的研究较少。尤其是突发事件发生后网络拓扑发生变化，仅从单个车站或线路车站考虑客流控制不够准确。同时既有的线网客流控制基本都是研究线路中车站与车站之间静态的关系，没有考虑时间上的时序配合问题。但是随着控流措施的实施以及线网车站状态变化，客流可能会出现次高峰状态，因此既有的静态客流控制策略有一定的局限性。此外，我国的客流控制方案的实施属于经验分析法，通过管理者经验和历史客流数据来判断是否实施客流控制以及强度。其优点是充分结合了实际运营情况，方案针对性较强；但是对于突发条件下的客流控制的普适性较弱，经验性判断会有较大的误差。

三、网络可控性研究

网络可控性的研究起步比较晚，其主要研究方法分为蜂拥控制、牵引控制和结构控制三类。网络控制方法树如图 2-3 所示。

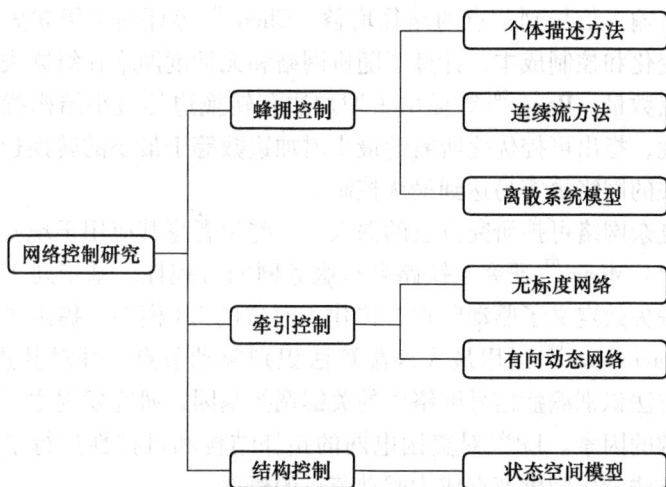

图 2-3　网络控制研究方法树

复杂网络控制理论方面早期主要是从大规模系统的蜂拥控制研究开始的。蜂拥控制就是对自然界中的生物群体模拟分析它们的涌现行为。目前蜂拥控制研究用得最多的是 1986 年 Reynolds[78] 提出的 Boid 模型。其思路是将群集系统中的个体定义为节点，个体中间的连接关系定义为边，用计算机来模型蜂拥的群体行为。Tanner[79] 和 Olfai[80] 等通过构建模型和算法控制外界状态的变化，引入不连续的控制方法。

牵制控制是复杂网络控制方式的代表，Wang 等[81] 将牵引控制与蜂拥控制思想进行了结合研究，并且将牵引控制应用于无标度动态网络中。研究结果发现节点度数高的牵引控制比常规牵引控制需要更少的控制器。陈关荣[82] 研究了牵制控制在复杂网络中的应用，有向复杂动态网络的能控性，并提出了"网络的网络"建模与控制思想。Fu[83] 研究了集群复杂网络，证明随机牵引 RP 策略比 PP

策略效果更好。提出了一种基于集群度的牵引策略，研究结果显示当只有较少数量的牵引节点时，新的群集牵引策略比 RP 策略更好。

2011 年，Liu[84]研究了有向网络的能控性问题，首次将控制理论中的状态空间方程秩的判断运用到网络可控性当中，同时将有向网络转化为二分图并求出最大匹配。Liu 的研究掀起了网络可控性研究的一个新的起点，为后续学者的研究奠定了基础。于是大量的工作开始关注于网络的拓扑结构对于网络结构可控性能的影响[85~90]。Yan[91]在 Liu 研究的基础上，从能量消耗的角度分析了不同类型网络的可控性与能量消耗关系。Nepusz[92]考虑了网络中连边上的动力学过程，将网络转化为以边为主体的模型。Ferrarini[93]将驱动节点的概念延伸到驱动边，指出节点是时变的，但是边通常是恒定的。Lombardi[94]将可控矩阵应用于网络中，指出矩阵是从输入信号到节点的路径增益。Chen[95]等评估了级联失效条件下网络可控性的变化和控制成本，计算了随机网络和无标度网络在级联失效情况下所需的驱动节点数量。Pang[96]等提出了增加边和转换边的最小结构扰动方法优化网络的可控性，指出可控优化所需的最小增加边数等于最小的转换边数量，而且出入度正相关的网络更容易达到最优控制。

随着对复杂网络可控研究方法的深入，一些学者将其应用于现实网络的可控性判定和优化。Meng[97]研究了铁路列车服务网的可控性。基于列车服务网的免疫传播和级联失效定义了驱动节点，构建了改进的 LB 模型，提出了列车服务网的对偶图。Ravindran[98]运用最大匹配算法识别驱动节点，并对其进行了分类，通过可控性方法识别癌症信号网络中的关键调控基因，研究发现主干驱动节点是癌症表型关键的因素。Li[99]对美国电网的拓扑结构和可控性进行了分析，提出了一种新的方法量化间歇节点成为驱动节点的概率。

第三节　车站客流控制方法

客流控制研究起步于车站控制，且城市轨道交通研究主要集中在国内，由于国外地铁车站运营情况与国内相比差异较大，国外这方面的研究相对较少。

李建林[100]以上海市轨道交通 6 号线和 8 号线为背景，对早高峰时段需求与运力的矛盾进行了分析，对控流措施提出了改进建议，并分析了不同控流措施的运营效果。该研究中客流控制措施的制定主要依靠经验，缺乏一定的科学性。谢玮[101]以换乘站为背景，制定了客流控制规则和触发指标，并提出了指标的计算方法；基于搜索得到了客流控制路径，提出了高峰期客流的控制方案。田栩静[102]通过对地铁突发大客流的安全控制进行分析，提出了大客流条件下的行车组织和车站客流控制方法。文中只是给出了些策略，并没有建立数学模型说明相关问题。贺英松、蒋熙等[103]基于系统动力学对车站客流进行分析，提出了基于关键设备的车站控流方案，研究了针对单个车站的控流参数计算方法。康亚舒[104]通过分析客流特点及乘客集散规律，构建了车站客流阈值的模型；利用混杂系统理论，建立了基于列车到发规律的 Petri 网模型，形成完整的客流控制方案。许心越[59]构建了车站服务能力的排队网络优化模型，研究了计算车站服务能力的求解方法。针对不同服务水平和不同需求提出了车站服务能力适应性的测量方法。黄令海[105]分析了能力瓶颈的产生原因和传播特性，构建了车站动态瓶颈识别方法，提出了瓶颈疏解策略。蒋琦玮[106]通过设备设施对控制节点进行监控和检测，计算出空间分布的实时人数；建立了以节点能力与客流需求相匹配以节约资源为目标的整数规划模型，通过求解得出客服设备最优开启数量或状态。张蛰[107]首先依据单向行人流基本图和社会力模型的匀速条件推导出双向行人流基本图；考虑车站通道各节点客流分布不均匀特点，建立了车站单双通道的客流控制模型，包括静态增益控制策略和动态增益控制策略。叶丽文[108]基于 AFC 历史客票数据，分析了车站大客流的发展规律。基于实时客票数据和行车数据，获取进站客流的实时聚集数量及其空间分布情况，提出的辅助决策方法能够基于客票数据确定车站客流控制等级和控制时机。唐寿成[109]提出了在车站进出站口和闸机设置控制点，对流入客流实现两级控制。王淑伟[110]构建了针对轨道交通车站的超大客流管控线性规划模型。

在车站客流组织方面：苗秋云[111]制定了上海赛车场站散场后车站外、出入口和站内的限流方法。周庆灏[112]分析了上海地铁 1 号线上海体育馆站的客流组织。史小俊[113]以天津地铁 1 号线为例，分析了大客流情况下车站需要采取的客流组织措施。

第三章 突发事件下城市轨道交通客流特点及运输组织理论研究

第一节 突发事件下城市轨道交通客流特点

一、突发事件下客流特点、传播过程及影响因素

（一）突发事件下客流特点

突发与常态（正常）情况下城市轨道交通客流在时间空间的分布和传播方面都存在显著差异。可概括为以下特征：

（1）流量大。突发事件发生后，由于局部中断或延误，在受影响区域会出现客流量的聚集与迅速增长，且规模与突发事件影响的严重性有关。

（2）时空分布不均衡。突发客流在短时间峰值明显，在网络宏观层面上会出现短时聚集和消散的现象。

（3）类型多样。包括无法到达原计划目的地的客流、需要绕行的客流、临时改变出行路线的客流、出站选择其他交通工具的客流。客流交通出行目的一致，但交通来源比较分散。

（4）受应急处置策略约束。突发事件发生后，相应的城轨管制部门会根据具体突发情况实施相应的应急方案，客流在网络上的流动、传播和分布会受到相应组织措施的影响。客流的受影响范围和延误程度与突发事件的影响程度、车站辅助线、折返线的设置、运营所需的应急设施设备条件和应急处置方案实施的有效程度有关。

（5）无规律性。由于突发事件种类多样，影响程度各异，与正常客流相比较难形成统一的规律。

正常客流和突发事件下客流的特点比较见表3-1。

（二）突发事件下客流在路网的传播过程

突发事件发生后，路网客流由于其连带性、不确定性和蔓延性，受影响的范围会发生阶梯性的变化。客流在路网上的传播过程大致可以分为三个阶段：初期、高峰期和消退期。初期即突发客流产生后由于其在时间和空间上的扩散蔓

表 3-1　正常和突发事件下客流特点对比

特点	正常	突发	特点	正常	突发
客流量	高峰时段大、平峰时正常	短时需求过大	拥挤程度	高峰时一般拥挤	非常或极度拥挤
			集散时间	分散	集中
流速	流畅	缓慢	安全程度	能控范围内	安全隐患大
持续时间	长	短	重要度	时间、舒适度、换乘等	时间

延，可能引发次生事件。城市轨道交通突发事件下客流影响传播的次生事件指并非是单个事件本身影响客流简单的物理扩散传播，而是同时伴随复杂的多个相继发生或相继平行发生的基元次生现象。高峰期指客流在扩散传播过程中，引发次生事件，次生事件又在时间和空间维度上传播并进一步扩散。消退期指客流在传播过程中随着自然或人为干预转入消退，路网客流逐渐恢复常态。

假设列车故障导致晚点，发车间隔加大，客流传播过程的示意图如图 3-1 所示。

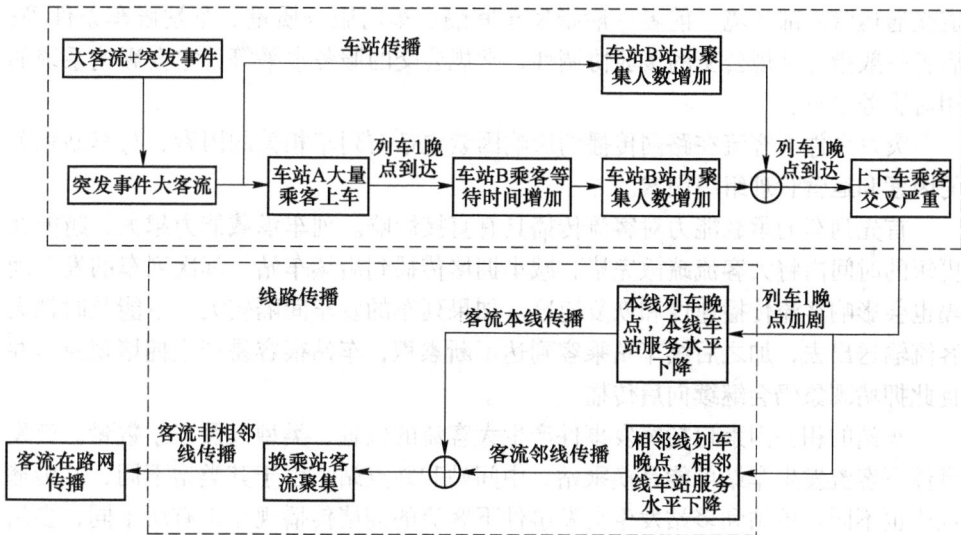

图 3-1　突发事件下客流传播过程

突发事件下客流传播机理主要体现在车站服务水平和列车运行影响传播两个方面。不论是常态还是突发条件下，都有可能产生车站客流集中到达的情况。常态条件下由于线路运输能力正常，运能可调到最大化，通过缩小发车间隔、增加发车次数等降低车站的聚集程度。突发条件下，由于故障导致列车晚点，站台乘客密度增大；当列车到达时，有大量的乘客上下车，使得列车继续延误，载有大客流的列车到达后方车站时晚点，会导致上下车乘客交叉干扰严重。因此，产生本线列车连带晚点现象，致使邻线列车到达延误，运输能力下降，从而导致网络中其他车站产生客流聚集。

（三）突发事件下客流在路网传播的影响因素

城市轨道交通网络形成后，由于客流量增加，乘客换乘的机会增加，客流变化与规律比单一或者简单网络结构下的客流更加复杂。影响城市轨道交通客流的因素较多，可分为系统外部因素和系统内部因素两大类。其中系统外部因素包括轨道交通沿线土地利用状况、城市交通发展战略及机动车发展规模、周边新城人口和就业规模、常规公交的发展及与轨道交通的协调关系以及线路两端对外吸引力等；系统内部因素主要有票制票价、轨道交通系统的服务水平、城市轨道交通网络实施进程以及沿线常规公交与轨道之间的衔接状况等。

客流量和票价是决定轨道交通项目建成后运营状况的两个重要因素，两者相互影响。国内外城市轨道交通运营的实际经验表明，客流量对票价尤为敏感。城市轨道交通的运营服务水平主要包括两个方面：轨道交通系统内部服务质量、轨道交通运营外部环境，前者一般指发车间隔、车内服务质量、车站候车条件等；后者一般指与常规公交的接驳协调性、常规公交的服务水平等，它会影响系统的相对服务水平。

突发事件下客流在路网传播的影响因素包括与列车相关的因素、与车站相关的因素和运营管理组织因素。

首先列车的承载能力对客流传播具有直接影响。列车承载能力越大，越能在更短的时间内将大客流疏散完毕，减小拥堵传播到后续车站。其次列车的发车间隔也会影响客流传播速度和恢复速度。如果列车的发车间隔较大，不能及时把大客流输送出去，加之后续车站乘客到达不断累积，车站很容易产生拥堵现象，并且此拥堵现象仍会继续向后传播。

车站的相关因素包括突发事件产生大客流的位置、类型以及车站数量。突发事件下客流发生车站可能是换乘站、中间站和终点站，由于其类型不同，其传播规律也不同。单站和多站发生突发事件下客流的拥堵传播规律也有所不同，多站突发客流的传播速度、规模相对较大，范围和路网受影响程度也相对更严重。

二、不同类型突发事件下客流分布特点

（一）封站

封站情况下，如果轨道交通运营部门发布的封站时间短，选择继续等待封站解除的乘客就会相对较多。随着封站时间的增加，当乘客对封站持续时间不能准确把握时，受影响乘客通常不会在关闭站等待解封，乘客可能改变他们原计划的

起始站或选择其他的交通工具。

当乘客的始发车站封站时，尤其是封站时间持续过长，乘客会选择替代始发站；当乘客的目的车站封站时，乘客会选择其他车站作为更换的目的车站。

当封站结束后，由于等待进站的客流量较大，这将形成与同期相比较大的进站客流量，而且整个大客流的进站过程会有滞后延时的现象，从而被封车站本身需要更长的时间回到正常状态。

（二）中断

当某个区间发生突发事件导致运营区间中断后，首先本线上下行线路多个区间会发生连带的能力失效；其次可能会导致本线另一个方向列车运行线的取消或改变。因此，处于中断区间及附近车站的很大一部分乘客会选择等待运营中断结束，从而导致断面客流量的集聚增加。

由于中断导致大量客流不可达，本线出站量会有明显的增加，但是本线的进站量会有所减少，中断区间的车站进站量甚至会减少到 0。由于中断区间车站能力的失效，使得本线的部分路径丧失可达性，导致相邻线路的吸引客流量增加。据数据显示中断发生后换乘量会有一个明显的突变，之后在中断发生期间一直高于正常情况，直至中断事故结束后一段时间才恢复正常[114]。本线受中断事件影响，造成部分区间断面客流量损失，甚至小于常态断面客流量。由于本线部分区间断面客流损失，相邻线部分区间的断面客流量高于常态。总体来说，发生突发事件的车站或区间，其相邻车站尤其是换乘站通常能吸引较多的客流。

（三）运缓

突发事件导致列车减速缓行条件下的受影响乘客大体可分为两类。第一类是已经在列车上的乘客，这部分乘客由于在列车上选择行为相对受限，大部分会选择继续乘坐本列车，按原定线路到达目的地。第二类是在车站候车或已经进入车站的乘客，这部分乘客选择行为相对宽泛，依据列车运缓的时间、影响程度和时间需求强度，很大一部分乘客会选择改变其他线路到达目的地或者出站。

由于列车速度降低，乘客到站上下车频率降低，列车基本上是满载运行；站台候车人数也会增加，最终导致车站站台负荷加大，站内拥挤明显。

（四）晚点

从历年运营统计数据来看，导致不同程度的运行时间延误事件是频率最高的突发事件类型之一。列车大面积晚点，首先会导致站台候车人数增加，加上下车人数规模庞大，使得车站站台上下车客流交叉干扰严重。由于列车晚点运行，同方向的列车发车间隔加大，使得相邻线路列车到达延误，最终导致路网其他车站客流聚集。突发事件导致列车延误时间的长短决定了乘客的选择行为以及路网客流的分布。当列车晚点时间较大尤其是高峰时段，大部分受影响乘客会选择改变线路到达目的地或者选择出站。列车晚点时间越长，站台客流密度越大。对于换乘站来说，晚点造成的大客流会从换乘站衔接的各线涌入换乘站，传播到路网中各条线路的车站，造成受影响区域以及路网整体的车站服务水平下降以及导致其他线路列车的连带晚点。

第二节　突发事件下城市轨道交通客流组织类型

客流组织指在某个时间段内根据各类客流指标预测的结果，通过合理布置设施设备，制定满足需求的乘客进出站、上下车、站内走行速度等疏导和引导方案，组织客流输送的过程。

目前我国城市轨道交通已经处在供不应求的状态。城市轨道交通的供给侧已经达到了饱和阶段，当客流需求仍然剧增时，不得不实行客流控制措施，即从需求侧进行限制。突发事件发生后，由于城轨局部网络范围内客流量剧增，使供给侧和需求侧的矛盾激化并升级，实施相关的客流组织和行车组织应急处置措施，是在双限的前提下进行更大强度的限制。

车站客流组织原则：

（1）以实现乘客安全运输为根本原则，保持客流运送过程通畅，尽量减少乘客出行时间成本，避免拥挤，便于大客流发生时能及时疏散。

（2）既要考虑如何吸引乘客乘坐地铁，使客流量最大，又要使客运服务成本最低，并取得最佳的经济效益。

（3）地铁控制中心负责地铁线路的客流组织工作，车站的客流组织由客运值班员负责。

（4）在大客流的情况下，应合理地采取措施对车站人流进行有效控制。人流控制应采取由内至外、由下至上的原则，在车站出入口、入闸机处进行人流的两级控制。

（5）当站台乘客数量大于站台容积能力时，需控制入闸机点的乘客数量。

（6）当站台乘客数量大于站台容积能力、站厅乘客大于站厅容积能力时，就必须对出入口控制点进行控制，临时限制或者不允许乘客进站[102]。

对于突发事件下的客流，首先根据突发事件发生位置及受影响范围判断突发客流的来源和分布传播情况，及时调整运营组织方案，加大对客流监测力度，在受影响车站或重点车站加强监守强度，同时做好客流诱导，采取相应的控流措施，适时开通地面公交接驳疏散客流。

其次，及时调整运营组织方案，加强客流情况监测，在重点车站增派人员加强值守，做好客流疏导，视情采取限流、封站等控制措施，必要时申请启动地面公共交通接驳疏运。城市轨道交通运营主管部门要及时协调组织运力疏导客流。

突发条件下客流组织主要包括客流疏散、封站、限流以及地面公交接驳等。

一、疏散

按照突发事件的应急疏散方案，有组织、有秩序地引导乘客撤离事发地点，疏导受影响区域的乘客尽快到城市轨道交通车站出口。对城市轨道交通线路实施分区封控、警戒，阻止乘客及无关人员进入。对于自然灾害类突发事件、列车在区间发生火灾类等突发事件，如果列车还能运行，应继续行驶至就近车站并及时疏散乘客；如果列车无法继续运行被迫在区间停车时，列车驾驶员应按调度命令组织乘客就地疏散。

根据疏散客流量、突发事件发生的线路方向和受影响区域的严重程度，及时调整城市公共交通路网客运组织，利用城市轨道交通其余正常运营线路，调配地面公共交通车辆运输，加大发车密度，做好乘客的转运工作[114]。

二、封站

突发事件发生后，从管理者角度，受影响区域网络客流控制最基本的方法是限流，但最常用的措施是封站。在早高峰形成北京地铁3个间隔，京港地铁2~3个间隔，这时候就封站了。由于车站内客流量巨大，滞留人数众多，加上换乘人数的走行，车站内部状态复杂，对于管理者来说此刻必须实行封站，不可能让乘客进站。

三、限流

(一) 发展历程

除因列车、设备故障和大客流等情况引发的临时性限流外，2009年，北京地铁5号线最早实行工作日早晚高峰常态限流。在早高峰期间，天通苑北站和天通苑站利用入口外的导流围栏采取限流措施减缓进站速度，减少站台上乘客的数量。该线路的北段，有3站设在天通苑社区附近，而天通苑社区居民的增长以及城市北部的迅速发展，使得该线路日均客流量远远超过设计之初的预计运载能力，如不采取限流措施，列车在经过天通苑北、天通苑两座车站后，列车满载率已达到极限，造成大量乘客滞留站台的情况出现，存在安全隐患。

2011年4月，北京地铁首次公布地铁1号线和八通线的17个车站的工作日常态限流时间，方便乘客搭乘。大部分限流时间集中在工作日早高峰7时至9时。其中1号线的限流基本按照"从两端站点逐渐蔓延到中间站点"的规律依次推行，西端限流车站有7个，东端只有四惠和四惠东两站常规限流。另外，四惠站还将在下午 4 时至晚 7 时 30 分实施晚高峰常态限流。八通线的限流车站主要集中在东端，主要有 8 个车站。

至 2011 年底北京地铁限流车站增长至 32 座常态限流车站，主要集中在 1 号线、2 号线、5 号线、13 号线、八通线，其中 5 号线最多，有 11 个站点常态限流。由于北京地铁网络大规模扩展，到 2012 年底和 2013 年底，常态限流车站分别增加到 40 个和 44 个，主要集中在大型居民区的重点车站。至 2014 年底，路网客流继续增长，限流车站增至 55 个。

截至 2015 年 2 月，北京地铁常态限流车站数目增至 61 个，这是自 2014 年 12 月 28 日北京市公共交通实施新票制后首次公布的常态限流站点，比 2014 年 8 月公布的 55 个增加了 6 个。尽管全网日客流量有所下降，但是由于早晚高峰客流变化不大，列车满载率依然很高。2015 年 8 月，北京地铁常规限流车站数又增加 4 座，增至 65 座。

（二）适用范围

城市轨道交通限流是指为了避免大客流对网络造成过大负荷而采取的一种短期阶段性的措施。主要目的是控制网络客流的分布，降低时间段内运输压力，从而保证运营系统的安全及正常运行。限流实施的场合包括：

（1）常态下的早晚高峰时段，客流预测及状态较为精准，在重点限流车站，采取相应的限流措施，控制时间段内的客流量，缓解车站、线路和网络的客流压力。

（2）可预测的大客流条件，主要是指可预知的大型活动，依据对活动前和活动后客流量的预测，在相应车站制定限流方案，避免活动结束高峰时大客流对车站造成的巨大压力。

（3）不可预测的突发事件，某些车站、线路和局部网络往往会出现客流量剧增，通过相应的限流措施控制进站人数、换乘人数，避免大客流积压在中断线路上。

限流地点包括站外限流、站厅限流、换乘通道限流。站外限流的目的是为了控制进站人数，有可能是进站客流量巨大，也有可能是为了缓解站台客流量。站外限流也是目前我国最常用的限流方式。站厅限流的目的通常是为了缓解站台客流的拥挤，降低站厅乘客到达站台的走行速度。实际实施限流的过程也是灵活多变的，依据客流量大小适时改变限流时间长短、限流队伍长度、围栏绕行长度等。换乘通道限流主要是针对换乘站。换乘站是指连接 2 条以上线路的车站，因此其结构和特征相对复杂，早晚高峰客流量较大。例如北京地铁 10 号线和 6 号线连接的呼家楼车站，在早高峰时段，随着列车到站，两条线换乘客流量产生一个个小高峰。车站采取了换乘通道围栏绕行和拉警戒线控制站台人数的限流措施，以避免站台拥挤造成风险，如图 3-2 所示。

图 3-2 换乘通道限流示意图

（三）实施方式

在限流实施的过程中，依据车站、区段和路网客流的情况，有时采用一种限流方式，有时采用多种限流方式相结合，以缓解路网客流压力。

具体限流为关闭站内服务设施设备、站外或站厅设置走行围栏、间歇性放行、人物同检、关闭车站某些出入口等。

1. 关闭站内服务设施设备

关闭站内服务设施设备主要包括控制闸机的启用数量、关闭电梯或扶梯，从而减慢通过闸机的人数以及控制乘客通过电梯和扶梯到达站台的速度，增加乘客进站时间。例如北京地铁 5 号线大屯路东车站，早高峰时 B1 口通过关闭部分闸机和下行扶梯实现限流，如图 3-3 所示。

图 3-3 关闭站内服务设施设备示意图

2. 站外或站厅设置走行围栏

为了限制站外和站厅人数，在空间范围允许的条件下，会用栏杆设置成 S 形，乘客必须通过绕行栏杆才能进入车站或到达站厅内部。实施的结果是增加了步行距离，加长步行通道，降低了乘客的进入站内和站厅的速度，便于找出车站的控制节点，优化人流宽度和扶梯宽度的匹配，从而降低扶梯处的拥堵，保障乘客的安全。此方法多用于客流量较大的车站，如图 3-4 所示。

图 3-4　限流绕行示意图

3. 间歇性放行

间歇性放行指进站口依据客流量通过开关卷闸门定时放行一定数量的乘客。放行的时间和长短，由值班站长依据站台和站厅客流大小利用对讲机通知保安。例如北京地铁 1 号线的国贸车站。G 口站外间歇性放行进站，每次放行约 20s，进站约 50 人。北京地铁 5 号线东单站和 6 号线的朝阳门通过关闭卷闸门间歇性放行进站，如图 3-5 所示。

图 3-5　间歇性放行限流示意图

4. 人物同检

人物同检指乘客及所携带的物品均需进行安检。通常情况下，进入地铁站，乘客一般是通过安检门即可。人物同检和不安检的进站速度相差很大，经有关部门测算过，进站量相差 10 倍。人物同检的实施，一方面是为了保障某些重要车站的安全，在客流高峰期主要是为了降低乘客进站量，缓解乘客的进站速度。例如北京地铁 5 号线天通苑北站和 13 号线龙泽站等。

　　5. 关闭车站出入口

　　视客流情况，对客流相对特别集中的出入口实施限时关闭的限流措施，或者实行"单进单出""只进不出"的客流组织措施，防止站内客流量过大导致拥挤。例如北京地铁 13 号线的龙泽车站。早高峰时由工作人员根据客流情况决定关闭 A1 口的时间，同时 A2 口实行限流。昌平线的沙河车站，早高峰时只有 B1 口能进站，其他口只能出不能进。后期逐渐开放了 B2 进站口，过了高峰才开放 A 侧两个进站口，如图 3-6 所示。

图 3-6　关闭车站出入口限流示意图

　　实际限流的实施过程中，某些车站由于客流量巨大以及车站条件，往往会实行二级或三级限流措施。例如车站三级限流：站台、站厅和出入口。首先是站外栏杆绕行，其次是关闭部分安检闸机，最后是关闭电梯或扶梯。北京地铁 5 号线惠新西街北口，依据 10 号线客流量实行分级限流，第一级关闭部分闸机，第二级安检口限流，第三级通道围栏绕行限流。

第三节　突发事件下城市轨道交通行车组织类型

　　城市轨道交通运营的正线上由于突发事件造成堵塞阻隔状态，不论事件发生在区间或站内，造成单、双线区间不能正常行车时，称为中断运营正线行车。

　　运营中断时间由事件发生造成行车堵塞时（列车由于火灾、爆炸、故障等由停车时间算起）至恢复列车连续通行的时间为止。由车辆段至正线的联络线或与正线相连的折返线、存车线、库线，堵塞中断正线行车时，按中断运营正线行车论；线路修复后如需进行试运转的，以试运转的结束时间作为线路开通时间；如试运转后不能通车需要继续整修时，以线路实际达到连续通行列车行车条件时为线路开通的时间；破损的机车、车辆没有移开线路而影响行车时，不能视为线路开通；如列车能利用线路配置、设备设施维持各车站载客运营时，不按中断正线论[115]。

　　针对突发事件的具体类型和受影响情况，运营部门会制定相应的行车组织策略，具体如下：

一、列车降级方案

　　一般由于信号故障、道岔故障等原因，运营部门对轨道交通实施额外的限制，例如限速运行、借道运行、临时停车等，这些都属于降级模式。广义上降级模式就是比上一级模式功能和级别降低的一种方式。由基于无线通信的自动闭塞运行方式切换至人工闭塞方式（电话闭塞法），即区间两端站车站值班员利用站间行车电话以发出电话记录号码的方式办理闭塞的一种方法，以在保证安全的前提下实现最大限度地保持运营。

　　列车的降级方案表现形式通常为发车间隔增大，停站时间变长。由于人工闭塞切换至自动闭塞，列车运行速度降低，因此列车到站准点率也随之下降。受影响车站站台在某一个时间段内乘客不能及时上车，站台滞留人数增加，从而出现车站拥堵现象，高峰时甚至有踩踏的风险。降级运行方式延长了停站时间，可缓解集中客流对车站的冲击。

二、"拉风箱"运行方案

"拉风箱"运行方式也称为单向双向运行模式。"拉风箱"指在一条固定线路上，由于突发事件发生导致某一个区间中断，但是为了保证列车能够继续满足双向的可达性，在同一时间内只有一趟列车往返运行。由于其运行模式类似于拉风箱的动作，因此被称为"拉风箱"运行方式。其具体运行方式如图 3-7 所示。

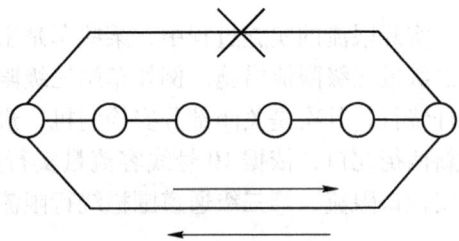

图 3-7　"拉风箱"运行方式示意图

　　单线双向运行方式是突发条件下对轨道交通行车有效合理的调整，可维持一定限度的降级运输能力，充分发挥设施设备的能力，将突发事件的影响降到最低。

三、列车交路运行方案

　　由于设备故障或异物侵入等原因导致某区间无法正常通行时，为了保证线路的正常通行，在中断区间两端具备折返能力的车站或相邻车站，实施交路运行方式。交路运行方式分为常规交路和特殊交路。在路网正常运营的情况下，可根据线路及区间的客流特点制定相应合理的交路策略，在满足客流需求的同时也经济高效地运用了列车。常规交路包括大交路，大交路指列车在线路的起点站和终点折返站之间往返运行。特殊交路又可以分为大小交路衔接和大小交路嵌套。小交路运行指列车在中间某个站点清客后，经渡线折返到另一方向的线路运行。与常规交路不同，小交路列车只是在某一区段运行。大小交路模式大部分用在突发条件下，但是目前我国部分城市轨道交通系统为了解决客流较小区段运能浪费、客流较大区段运能不足的问题，采用了大小交路开行方案，如图 3-8 所示。

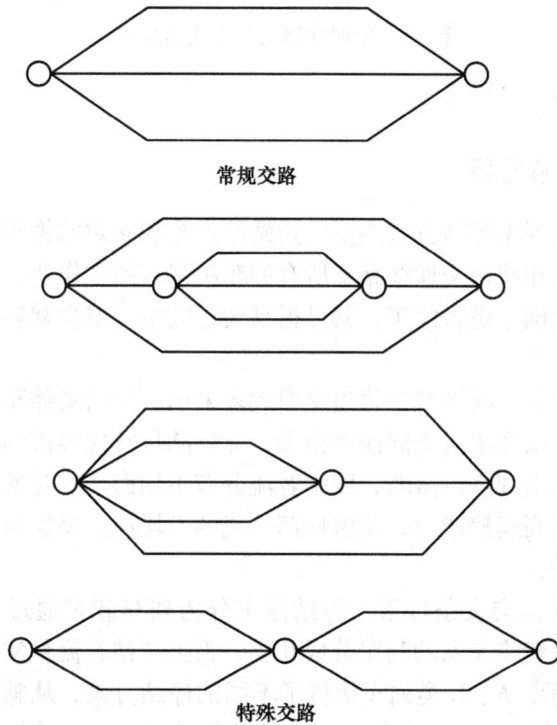

常规交路

特殊交路

图 3-8　交路运行方式示意图

　　突发事件情况下，通常在具备折返条件的线路上实行临时交路运行，以疏解突发大客流。折返站在轨道交通线路上属于重要的车站，它在线路中位置的设计及建造影响着本条线路和相邻线路的运输能力。其相应的渡线铺设也是轨道交通线路设计中的重点。当某一区间发生中断后，通过有效利用区间的折返站开行临时交路，可以快速、有效地疏解拥堵的客流[116]。

　　如图 3-9 所示，当车站 S_a 到车站 S_c 之间发生突发事件导致单方向运营中断，利用 S_a-S_n 区间的渡线，以及 S_c-S'_1 区间的渡线，列车可在道岔转换处实现换端折返，维持交路 1 和交路 2 的运营。突发事件发生后，由于突发情况导致中断，两条正线中间的那个撇和捺是渡线，在这里也叫折返线，所以原先中断区间的正

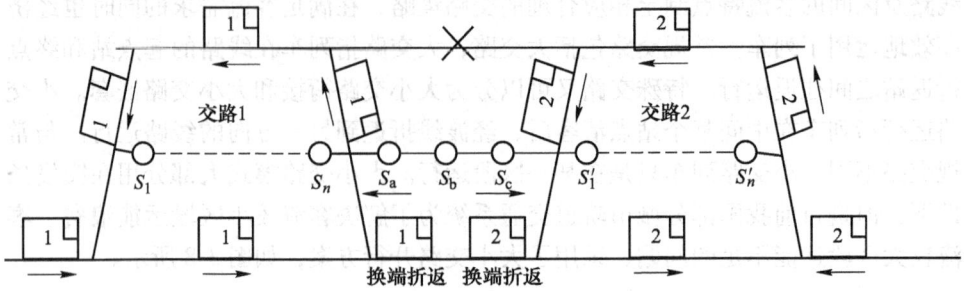

图 3-9 临时交路运行方式示意图

线就变成折返线了。

四、列车停站方案

城市轨道交通列车停站方式主要包括站站停车和非站站停车两种方式。站站停车顾名思义就是在轨道交通线路上所有的车站都有停车作业。非站站停车根据线上各站客流情况确定是否停车，其可提高运行效率，减少乘客旅行时间，节约运营成本。

正常运营条件下，我国城市轨道交通大多采用的是站站停车。站站停车运营组织相对较简单，乘客不需要同线路换乘，能够满足常规客流的基本需求。突发条件下，部分车站出现客流激增，网络客流分布不均衡，这时通过非站站停车减少停站次数，可提高运输能力，缓解局部客流的不均衡。突发条件下非站站停车方案包括以下几种：

（1）跨站停车。突发条件下，跨站停车分为列车载客通过和放空通过两种方式。跨站停车一般将车站的列车分成几类，根据车站客流量实施相应的停站策略。如图 3-10 所示，A、B 类列车实行了不同的停站方案，从整条线停站车站分布可知，A、B 两类列车可以满足所有车站的停站要求。跨站停车可减少列车停站次数，缩短乘客旅行时间，提高列车运行速度和周转效率[117]。

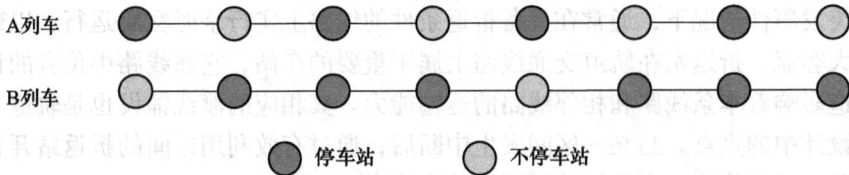

图 3-10 跨站停车示意图

（2）分段停站。分段停站方案一般在大小交路条件下实施。大交路列车在小交路区段内不停车，在小交路区段外站站停车；而小交路列车在小交路区段内站站停车，中间的折返站通常为换乘站[118,119]，如图 3-11 所示。

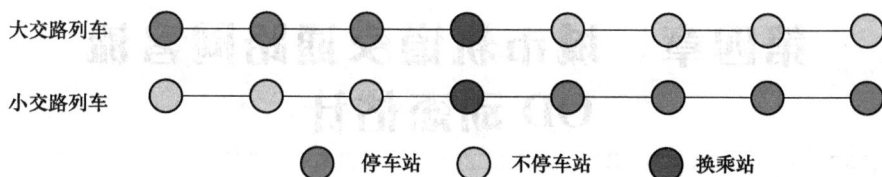

大交路列车

小交路列车

● 停车站　○ 不停车站　● 换乘站

图 3-11　分段停站示意图

（3）快/慢车方案。快/慢车方案指在轨道交通线路上采取快、慢车混合运行方式，即普速、站站停的慢车和快速、跨站停的快车。快车主要选择客流大的重点车站停车，从而缓解线路主要车站客流的聚集程度，同时快车和慢车的停靠时间也会有所不同。突发事件发生后，调度员根据突发事件发生位置和线路客流情况，调整快/慢车开行计划。

（4）列车清客。如果停在车站的列车发生故障，进行列车清客后，开行救援列车至故障列车进行连挂，然后直接推回到停车线或车厂；如果故障列车停在区间，救援列车先在后方车站进行清客，限速运行至故障列车后部进行连挂，推送到前方车站进行清客，然后再推进至停车线。当故障列车被清理出线路后，就可以开通故障区段，恢复正常行驶[117]。

（5）列车编组方案。列车编组的选用主要考虑的是客流量、断面的通过能力和车辆型号。由于不可预知突发事件的持续时间一般不会很长，列车编组方案的实施也是在一定的时间范围才能完成，因此列车编组方案一般不会实施。但是从应急预案的修正方面，可以在既有突发事件数据的基础上，根据非正常情况下客流时间空间分布特点，选用合适的编组方案。

实际运营当中，不同的运营商采取的行车组织不同。例如换乘站，京港地铁在换乘站突发事件时它是不会停车的，而北京地铁会停车。除以上方案之外，应根据现场需要，采取车站、区间、区段列车停运措施；在相应的区间、区段和轨道交通沿线加密发车，提高运力。

第四章　城市轨道交通路网客流 OD 动态估计

第一节　客流 OD 动态估计问题与方法分析

一、路网客流 OD 动态估计

城市轨道交通的乘客在进、出站过程中每通过一次闸机都需要刷卡，从而形成一次 AFC 进、出站刷卡记录。虽然刷卡记录是随着乘客进出站连续不断产生的，但实际现场设备是分时段（如 15min、30min 等）对数据进行打包并上传，因此，可以在每个时段获取本时段的 AFC 进站数据和 AFC 出站数据。

在出行过程中，因乘客走行、列车运行、候车等各方面的时间消耗，乘客进站与出站时间存在一定时间差。某一时段从某一"O 点"车站出发的客流将会在当前及后续的若干时段内分批、陆续到达不同的"D 点"车站。

由于分时客流 OD 矩阵是按照出发时间来统计的，因此，两个车站间的客流 OD 量就是当前时段从"O 点"出发分别在不同时段到达"D 站"的乘客数量的总和。在当前时段，某车站的进站客流总量可以从实时 AFC 数据中直接获取，但是后续时段到达"D 站"的客流数据还未采集到，这时，与"O 点"相匹配的"D 点"客流量信息在当前时段是不完备的，只能依赖相关信息进行动态估计。

本书所述路网客流 OD 动态估计是指，在获得了路网各车站实时 AFC 数据的条件下，结合历史 AFC 数据信息，随时间的推进对当前时段全路网的客流 OD 矩阵进行动态估计。对该问题的理解可以总结为以下几点：

（1）待估计的系统状态为分时段的路网客流 OD 矩阵，需要随时间推进，采用分时段递推的方式对当前时段下的客流 OD 矩阵进行动态估计。

（2）已知信息中，实时 AFC 数据可作为观测信息，主要包括两类：当前及以前时段各车站已进站的客流，当前及以前时段各车站已出站的客流。

（3）历史 AFC 数据也作为已知信息，从中可以得到历史日期各个时段的路网客流 OD 矩阵。

（4）在某时段某"O 点"车站的进站客流总量中，到达不同"D 点"车站的乘客量可以看成总量在各个去向上的分布。

（5）在当前时段进站的某 OD 客流量中，在当前及后续若干时段内出站的乘客量是客流 OD 在各个时间段上的分布，主要受该 OD 上各乘客不同出行时间消耗的影响。

从上述分析可知，分时段的客流 OD 与相关时段的进、出站客流间存在着某种时空关联关系，既有一定规律又带着不确定性，其随机概率特性或者隐含在历史数据中，或者隐含在实时 AFC 提供的观测数据与客流 OD 的联系中。

二、状态预测与估计方法

目前，对于某一动态系统的状态进行预测或估计的方法主要包括基于统计模型的方法、基于机器学习的方法、基于状态空间模型的递归贝叶斯方法等类型。

（一）基于统计模型的方法

基于传统统计模型的方法，如回归分析法、时间序列法等，都是利用数学统计分析方法对大量历史数据进行模型构建和探索处理，从而揭示影响系统状态的各种因素，以发现系统状态在时序关系上的统计规律，达到利用当前时间点以前的信息及其他相关因素数据推算出后续时间段状态的目的。回归分析法是对预测对象及其影响因素间的关联关系进行研究，通过确定自变量与各因变量之间的关系构建回归方程的过程[120]，利用构建的回归模型对未来的状态进行相关预测的分析方法。时间序列法是通过对一系列按时间顺序记录的随机事件变化情况进行观察、研究，找寻其内在发展变化规律的过程，利用时间序列法可以对历史数据进行分析，找到系统状态的变化发展规律，并将该规律通过数学模型进行表达以便预测未来状态量的走势情况。

（二）基于机器学习的预测方法

机器学习（machine learning，ML）作为一门集计算机科学、生物学、概率统计、应用心理学等多学科交叉的学问，已成为信息科学领域解决实际问题的重要方法，在图像处理、数据挖掘、语音识别、股票市场的预测等多个应用领域发挥重要的实用价值。在各类机器学习模型中，支持向量机、神经网络等在预测中较为常用。支持向量机（support vector machine，SVM）于 20 世纪 90 年代中期发展起来，是一类基于统计学习理论的机器学习方法，该方法在解决小样本、非线性及高维模式识别中表现出特有的优势，并据此可以推广到函数拟合，通过拟合历史数据随时间变化关系，从而用于预测模型的构建。神经网络（neural networks，NN）是一种从微观结构和功能上模仿生物神经网络的数学模型或计算模型，其核心是将具有自适应性的简单单元组合形成具有广泛并行互连的网络。运用神经网络模型进行预测，需要大量历史数据作为输入数据，使模型学习得到预测量随时间变化的特性。其学习过程实质是利用相关算法不断调整网络中各个神经元连接权重 w_1，w_2，…，w_n，阈值 θ 与激励函数 f 以达到输出结果最优的过程。利用训练完成的神经网络模型，可以依据当前时段数据对下一时段状态进行预测。目前飞速提升的计算机硬件、软件运算能力，为构建并训练求解大规模、高层次、多节点的复杂人工神经网络提供了可能，在这一基础上发展形成的深度学习方法在 AI 领域大放异彩，各类基于深度学习的预测方法在各领域的应用快速发展。

（三）基于状态空间模型的递归贝叶斯方法

在现实系统中，某些状态是无法直接得到的，但如果可以获得与系统状态存在关联关系的观测数据，根据贝叶斯估计原理则可以运用观测数据对状态进行后验估计。根据贝叶斯理论，从初始状态至第 k 步的待估状态 $x_{0:k}$，可以利用 $1 \sim k$ 步的量测数据 $z_{1:k}$ 来计算各状态的联合后验分布，用贝叶斯公式表示如下：

$$p(x_{0:k}|z_{1:k}) = \frac{p(z_{1:k}|x_{0:k})p(x_{0:k})}{p(z_{1:k})} \tag{4-1}$$

式中　$p(x_{0:k})$——由系统动态模型给定的系统状态的先验分布；

$p(z_{1:k}|x_{0:k})$——量测方程计算的联合似然概率密度；

$p(z_{1:k})$——归一化常数，定义如下：

$$p(z_{1:k}) = \int p(z_{1:k}|x_{0:k})p(x_{0:k})\,\mathrm{d}x_{0:k} \tag{4-2}$$

对于完整的后验分布而言，每当获得新的量测数据时，都需要进行重新计算，并且该计算随着时间步数的累积，后验分布的维数也将不断地随之增加，为降低相应维数及计算量，需要将动态模型界定在马尔可夫链，从而形成基于状态空间模型的递归贝叶斯估计，其实质是将系统状态随时间的变化看成是一个马尔可夫随机过程，通过构建待估量状态随时间变化的状态空间模型，对当前时刻的系统状态进行预测，并根据贝叶斯原理，利用新获得的观测值进一步对系统状态进行后验估计。

状态空间模型的构建以及基于观测数据的后验概率密度的求解是递归贝叶斯估计的两大关键，根据模型特性与求解方式的不同，形成了不同的最优估计算法，这一系列可用于递归贝叶斯估计的算法常被称为"滤波算法"或"滤波器模型"。从 20 世纪 60 年代起，研究人员根据不同的假设条件，提出卡尔曼滤波（kalman filter，KF）、扩展卡尔曼滤波（extended kalman filter，EKF）、无迹卡尔曼滤波（unscented kalman filter，UKF）、粒子滤波（particl filter，PF）等[121]方法用于递归贝叶斯估计中对 $p(x_k|z_{1:k})$ 进行求解计算。其中，卡尔曼滤波是求解线性系统最优滤波闭合解的经典算法，适宜求解线性高斯问题。对于非线性系统，

可能涉及多维复杂积分运算，卡尔曼滤波难以得到精确的最优滤波解，为此出现了大量近似算法来处理这类系统的滤波求解问题。粒子滤波器是目前非常引人注目的解决方案，又被称为贯序蒙特卡洛方法。其主要思想源于蒙特卡洛方法（Monte Carlo method）和重采样（resampling）技术，通过一组在状态空间中传播的加权随机样本对概率密度函数进行近似，以样本均值代替复杂的积分运行过程，从而获得状态最小方差估计，这些样本被称为"粒子"[122]。

三、状态估计方法在客流 OD 估计中的适用性分析

基于上述常用状态估计方法的介绍分析，对几类方法在客流 OD 动态估计中的适应性总结如下：

（1）基于统计模型的预测方法研究开始较早，已有很多成熟的成果，应用较广泛。但在客流 OD 动态估计中，统计模型对路网客流 OD 矩阵这一高维、复杂的系统状态建模能力较弱，且对实时观测数据的利用不够充分，不适宜作为本书的主要研究方法，但可以用于某些随机参数的估计。

（2）机器学习作为人工智能研究领域最活跃的分支之一，是一类借助算法从大量历史数据中自动分析获取一定规律，并利用学习得到的规律对未知数据进行预测的算法，处理数据的广度和深度很大。在城市轨道交通系统中，不同运营日和时段的客流 OD 可能按一定时间周期不断发展变化，但不同时段客流OD 间的关系很复杂，难以用显式的数学解析形式进行表达。在这种情况下，机器学习方法能够发挥更大优势，再加上城市轨道交通系统拥有丰富的历史运营数据，为我们发现不同时段客流 OD 间的不确定性关系提供了可能。不过，在实时 AFC 数据接入条件下进行客流 OD 的动态估计时，当前时段能够观测到的并不是客流 OD 的完整数据，仅仅依靠机器学习的方法还无法有效利用观测数据进行准确的状态估计，本书将机器学习方法与其他状态估计方法相结合，探索新的方法。

（3）基于状态空间模型的递归贝叶斯方法的优势在于，一方面能够体现系统状态的动态变化规律，另一方面又能利用实际观测数据对状态变量进行后验估计。城市轨道交通系统中，前后某些时段的客流 OD 存在动态变化规律，在某一当前时段，可以获得各车站的进出站客流数据，但是，在所有进站乘客未完成出站刷卡前，无法得到车站该时段完整的客流 OD 量数据。由上小节分析可知，分时段的客流 OD 与相关时段的进、出站客流间存在着某种时空关联关系。因此，本书以基于状态空间模型的递归贝叶斯估计作为方法主框架，在此基础上结合机器学习方法进行改造与细化，提出机器学习模型嵌入的客流 OD 递归贝叶斯估计方法。

第二节　机器学习与递归贝叶斯相结合的
客流 OD 动态估计方法

城市轨道交通系统的运营过程既具有一定稳定性也受到随机因素影响，使得客流的规律性与不确定性共存，将历史规律与当前实际运营状况进行综合考虑有助于提高客流 OD 估计的准确性。机器学习在大量历史数据的挖掘和利用方面优势较强，而贝叶斯递归估计能够充分利用当前观测数据对状态进行后验估计。因此，本节探索将机器学习与递归贝叶斯相结合的方法实现客流 OD 的动态估计。

一、基于机器学习与贝叶斯的客流 OD 估计方法框架

城市轨道交通系统的路网客流状态具有非线性、动态随机性等特性，在能够实时或准实时获取 AFC 数据的情况下，可利用序贯量测数据在线、实时或准实时地对路网客流 OD 进行估计。此时，序贯量测数据主要指路网实时 AFC 数据，系统状态指路网分时客流 OD。

对于一类可以用下述公式进行描述的离散时间非线性动态系统：

$$x_k = f_k(x_{k-1}, v_{k-1}) \tag{4-3}$$
$$z_k = h_k(x_k, w_k) \tag{4-4}$$

可运用贝叶斯方法来实现状态估计，其基本思想是利用上述两个方程随着时间推进对系统状态概率密度进行迭代计算。在每个时刻 k，先依据转移方程得到当前时刻状态 x_k 概率分布的预估，然后利用获得的实时观测数据 $z_{1:k} = z_1$, z_2, …, z_k 求得状态 x_k 的后验概率密度函数 $p(x_k|z_{1:k})$，从而得到 k 时段的系统状态最优估计值。其迭代过程如图 4-1 所示。

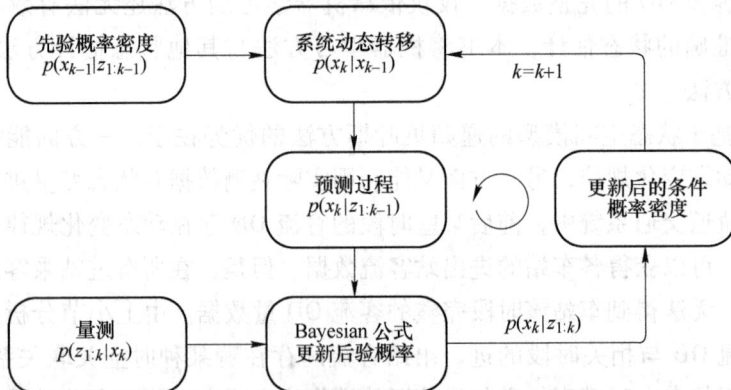

图 4-1　递归贝叶斯估计的迭代过程

式（4-3）为状态转移方程，其中，x_k 为系统在 k 时刻的状态，x_{k-1} 为系统在 $k-1$ 时刻的状态，v_{k-1} 为系统的过程噪声，映射函数 f_k 反映了系统当前时刻状态与上一时刻状态之间的关联关系。

式（4-4）为量测方程，其中 z_k 为系统在 k 时刻获得的观测数据，w_k 为系统的测量噪音，h_k 为 k 时刻的观测数据与系统状态间的关联关系，通过该关系式可使得观测数据在一定程度上反映系统状态 x_k。

按照递归贝叶斯基本原理，路网客流 OD 的动态估计也是一个随时间推进不断迭代的过程，在任意时段 k，主要包括如下两个阶段：

（1）k 时段路网客流 OD 量的预估。在获得了前序时段客流 OD 量概率分布的条件下，根据系统状态转移方程，得到当前时段 k 的客流 OD 量概率分布，形成客流 OD 预估值。

（2）k 时段路网客流 OD 量的修订更新。在时段 k 采集实时的 AFC 数据作为观测数据 z_k，依据量测方程 $z_k = h_k(x_k, w_k)$ 中给出的 z_k 与 x_k 的关系，利用贝叶斯公式计算得到后验概率密度函数 $p(x_k|z_{1:k}) = p(z_k|x_k)p(x_k|z_{1:k-1})/p(z_k|z_{1:k-1})$，即形成当前时段 k 客流 OD 量修正后的估计值。简单来讲，这个阶段的主要任务是从实时 AFC 数据中获取与当前时段客流 OD 具有关联关系的观测数据，如当前时段相关车站进、出站客流数据等，依据量测数据与客流 OD 间的关联关系建立模型作为量测方程，通过贝叶斯估计方法形成当前时段客流 OD 的后验估计，对先前预估的客流 OD 进行更新修订，使结果与当前的系统状况最接近。

迭代过程中预估阶段的关键是客流 OD 状态转移方程的构建。如前所述，城市轨道交通系统的路网客流状态既有随机性也存在一定规律性，用一般的解析公式难以刻画其动态特性。但由于实际运营中拥有大量历史数据，其中蕴涵着客流 OD 随时间变化的非线性、随机动态规律，故可以运用机器学习方法进行数据挖掘。

本书提出的将机器学习与贝叶斯估计相结合进行客流 OD 动态估计的方法框架如图 4-2 所示。该方法的实质是从城市轨道交通历史 AFC 数据中学习得到客流 OD 状态转移模型，在每一时段，先将以前时段的客流 OD 估计值输入状态转移模型，输出得到当前时段客流 OD 的预估值，再利用相关车站的 AFC 出站刷卡数据作为观测值进行后验估计，对原预估的 OD 进行修订，然后，再进行下一时段机器学习模型的客流 OD 预估。如此，随时钟推进周而复始递推进行。

按照该方法框架实现客流 OD 动态估计包括如下核心工作：

（1）选择适宜的机器学习方法构建状态转移模型，给出量测方程描述，形成客流 OD 递归贝叶斯估计模型。

（2）选择适宜的滤波器算法求解客流 OD 递归贝叶斯估计问题，结合状态转

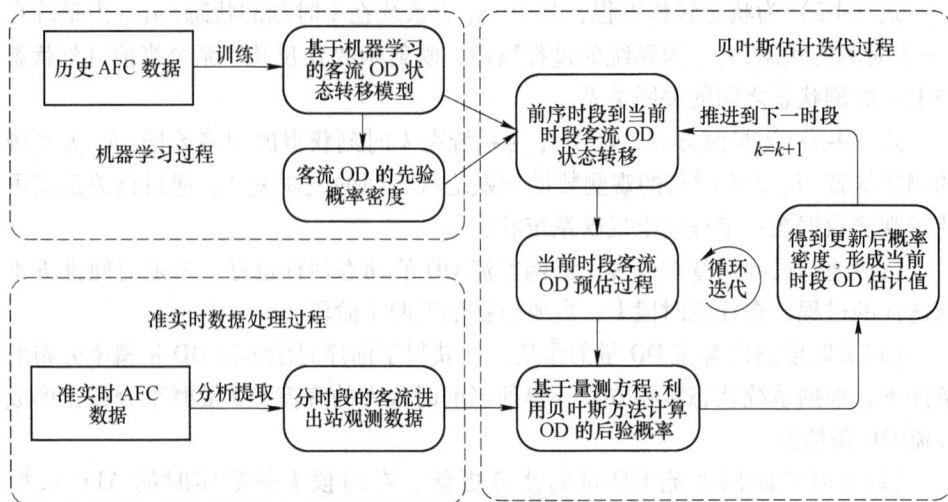

图 4-2　机器学习与贝叶斯相结合的客流 OD 动态估计方法框架

移模型的特点研究具体的实现算法。

二、机器学习模型的选择——LSTM

路网客流 OD 预估问题，需要有效利用前序时段的客流 OD 信息[123]对当前时段客流 OD 进行预估，考虑到 LSTM 模型在具有长时间依赖性的时间序列预测问题中的优势，因此本书选用 LSTM 作为机器学习模型实现客流 OD 预估。

LSTM 包括一个输入层、一个隐藏层和一个输出层，与传统神经网络不同，其隐藏层的基本单元是存储块，包含用于存储时间状态的自连接存储单元（forget gate），以及一对用于控制信息流的输入门（input gate）和输出门（out gate），主要结构如图 4-3 所示。

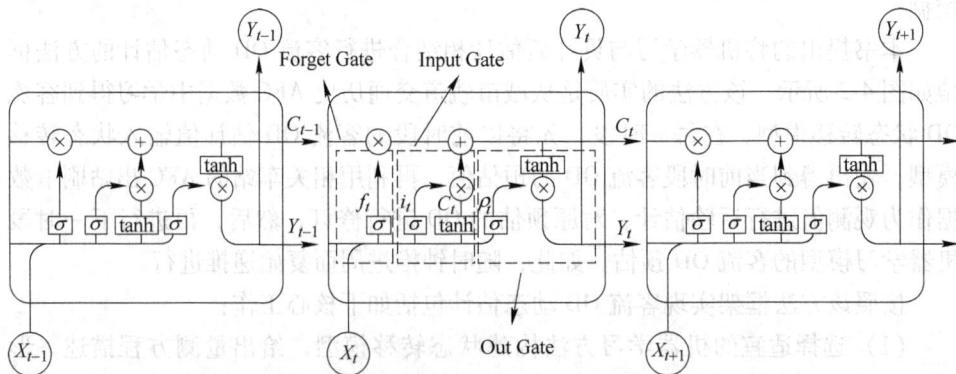

图 4-3　LSTM 主要结构示意图

Forget Gate 主要负责信息去除，用于去除 LSTM 中不太重要的信息，该门主要接收前一单元输出 H_{t-1} 以及当前时刻输入 X_t，通过对输入参数乘以权重 W_f 加上偏差 b_f，使用 sigmoid 激励函数后的 f_t 如下所示：

$$f_t = \sigma(W_f \cdot [Y_{t-1}, X_t] + b_f) \tag{4-5}$$

输入门（input gate）主要负责将信息添加到当前单元状态之中，其主要步骤分为三步。通过 sigmoid 激励函数对添加到单元状态中的值进行调节得 i_t；通过 tanh 函数创建包含所有添加到单元状态值的矢量 $\tilde{C}_t$；使用 f_t、C_{t-1}、i_t、$\tilde{C}_t$ 这 4 个有用的信息，创建添加到单元状态中的值 C_t。具体函数如下所示：

$$i_t = \sigma(W_i \cdot [Y_{t-1}, X_t] + b_i) \tag{4-6}$$

$$\tilde{C}_t = \tanh(W_c \cdot [Y_{t-1}, X_t] + b_c) \tag{4-7}$$

$$C_t = f_t \cdot C_{t-1} + i_t \cdot C_t \tag{4-8}$$

输出门（out gate）主要负责从当前单元状态中选择有用信息作为输出数据。其主要步骤由图 4-3 可分解为三步。通过将 tanh 函数应用于单元状态 C_t，使结果范围为 $[-1, 1]$；通过 sigmoid 激励函数对于添加到单元状态中的值进行调节得 o_t；将以上求得的值相乘，获得传输到下一存储块的输出 H_t。具体函数如下所示：

$$O_t = \sigma(W_O \cdot [Y_{t-1}, X_t] + b_O) \tag{4-9}$$

$$H_t = o_t \cdot \tanh(C_t) \tag{4-10}$$

三、滤波器的选择——粒子滤波

递归贝叶斯估计算法中，卡尔曼滤波器与粒子滤波器是最具代表性的两类。城市轨道交通系统状态往往具有非线性特征，还涉及多维复杂积分运算，若运用卡尔曼滤波需要对模型进行大量简化、拟合，使模型具备线性、高斯特性才能使用，这在一定程度上降低了模型的精确度、准确性。而粒子滤波是用粒子的集合代表相应的概率分布，无需受到随机量必须满足高斯分布的制约，能够表达各类不同的随机分布，在非线性、非高斯系统具有更强的建模能力。因此，本书选择粒子滤波器作为实现客流 OD 递归贝叶斯估计的基本方法。

粒子滤波器是基于蒙特卡洛和重采样（resampling）技术的滤波算法。蒙特卡洛方法是一种应用随机数进行计算机模拟的统计模拟方法，通过科学合理的统计建模，将复杂研究对象转化为随机数及其数学特征的模拟计算，由乌拉姆和冯·诺伊曼于"曼哈顿计划"中首次提出。所谓的"粒子"可以看成服从一定随机分布的样本，根据大数定律，当"粒子"数量足够大时可以逼近任何形式的概率密度分布[124]。如前节递归 Bayesian 滤波方法所述，在当前步的先验概率已知的情况下，依据当前步观测值进行后验概率 $p(x_k|z_{1:k})$ 的计算是关键和难点。粒子滤波主要借助蒙特卡洛这一统计实验方法的基本思想，将在实际中难以

求解的后验条件概率利用大量的粒子进行蒙特卡洛逼近，用于对后验概率密度函数的近似表示。如图 4-4 所示，随着粒子数不断增加，其后验概率密度函数也将不断趋于实际的概率分布。

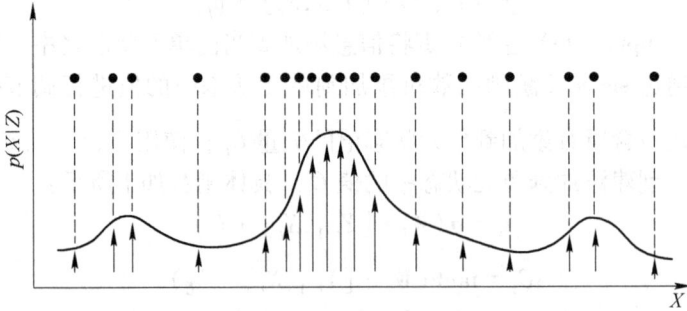

图 4-4　粒子与概率密度函数间的关系示意图

滤波器是根据系统内在状态修订预估值，使得修订完成后的估计值不断趋于当前时段实际状态的过程。基于以上思想，在时段 k，经粒子滤波过滤后的粒子集为 $X_k = \{x_k^1, x_k^2, \cdots, x_k^m\}$，此时的粒子总数为 M 个，为求得可用的估计值，一般利用统计方法计算粒子均值：

$$\overline{X}_k = E(X_k) = \frac{1}{M} \sum_{l=1}^{M} x_k^l \tag{4-11}$$

粒子滤波的均值思想就是希望粒子分布能够"覆盖"实际值，从而使求得的均值能较好地逼近实际值，并利用均值作为当前粒子滤波器的估计值。

如图 4-5 所示，经粒子滤波求得的估计值与实际值之间存在三种不同的状态：理想状态、一般状态和偏离状态。在理想状态，粒子集中的每个粒子均靠近实际值，该状态求得的估计值与实际值误差最小；在一般状态，粒子集中的每个粒子均匀分布于实际值四周，虽然分布比较散，但依然能覆盖实际值，该估计值也能较好地逼近实际值；在偏离状态，粒子集中的每个粒子均偏离实际值，此时求得的估计值与实际值发生巨大偏离，无法使用。一个好的粒子滤波器就是要求

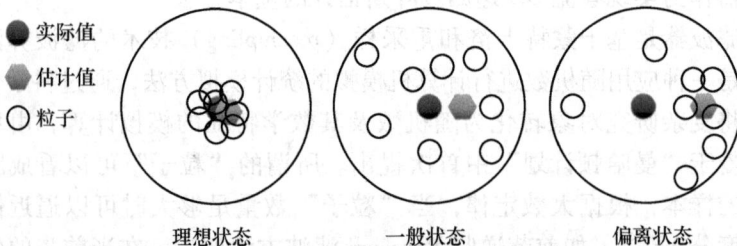

图 4-5　粒子滤波估计值与实际值的三种状态

预估值经当前滤波算法过滤后所得的粒子集 $X_k = \{x_k^1, x_k^2, \cdots, x_k^m\}$ 能够很好地"覆盖"实际值，达到一般或理想状态，因此粒子集的生成对算法效果有重要影响。在滤波过程中，经过多次迭代后，除少量粒子权重较大外，其他很多粒子的权重变得很小而形成样本退化现象。为了避免这一问题，引入重采样 SIR（sampling importance resampling）算法，消除低重要性权值样本，增加高重要性权值样本。其基本思想是对粒子集进行"优胜劣汰"的处理，通过复制大权重的粒子，淘汰小权重的粒子，从而完成对样本的重采样过程。

如图 4-6 所示，图中用圆代表粒子，用圆的大小代表权重，在重采样前粒子集与权重间的关系为 $\{x_k^l, w_k^l\}_{l=1}^M$，经过重采样算法生成新的粒子集使其权重均满足 $\{X_k^l, 1/M\}_{l=1}^M$。重采样前不同的粒子 x_k^l 对应不同的权重 w_k^l，经重采样，在保证粒子集总数不变的情况下，通过"优胜劣汰"的原则，重新使得每个粒子保持权重保持一致。

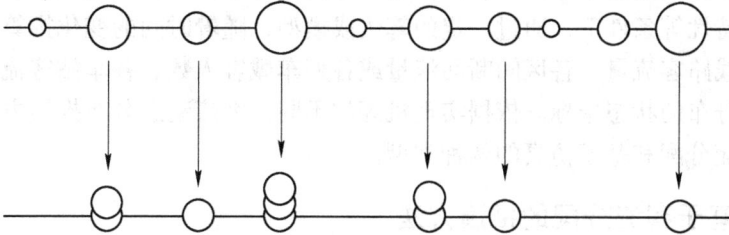

图 4-6　重采样原理

第五章 路网客流动态分布推演仿真方法

第一节 城市轨道交通路网客流分布推演方法

乘客自进入城市轨道交通系统后，随列车运行及在站内走行，所处的位置不断发生变化，路网的客流量在不同线路、列车以及车站等空间设施上的分布将随时间呈现出动态变化，这就是所谓的客流时空动态分布，简称客流动态分布。

所谓客流动态分布推演，是指在已知路网拓扑结构、行车组织与客流组织方案、客流特性等条件下，通过一定的算法或模型，随着时间的变化推算出路网客流量、各线路客流量、各区间断面流量或各列车载客人数、各车站客流量与换乘量等客流分布的状态指标。依据实现机理的不同，客流动态分布推演方法主要分成基于客流分配和基于仿真的两种类型。

一、基于客流分配的推演方法

基于客流分配的推演方法主要借鉴道路交通领域的交通流分配理论，在已知当前路网拓扑结构、路网客流 OD 矩阵信息以及乘客特性基础上，构建客流路径选择模型求解客流分布状态[125]。基于客流分配的推演方法一般包括有效路径集计算、客流 OD 获取、路径选择模型构建、客流 OD 加载等步骤，如图 5-1 所示。

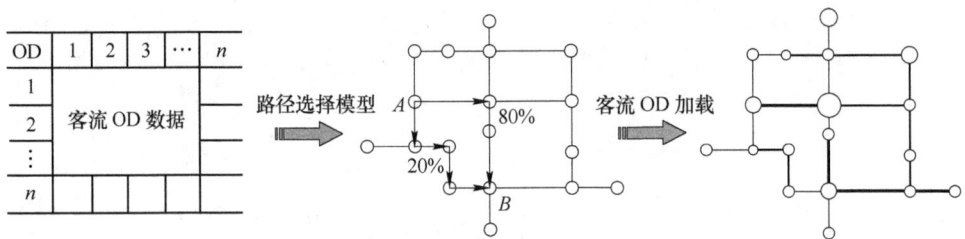

图 5-1 基于客流分配的客流动态分布推演原理

（1）有效路径集计算。将城市轨道交通路网转化为拓扑结构后，任意 OD 间都将拥有多条连接的路径，然而并非所有的连通路径都符合乘客出行选择要求。有效路径集计算便是运用一定的算法对任意两车站间路径集进行搜索并基于一定条件进行筛选后，形成有效路径集。

（2）客流 OD 获取。依据客流推演的目的、应用条件及可获得的数据来源进行数据采集与加工，形成客流 OD 分布，用于产生随时间不断进入路网各车站的输入客流信息。

（3）路径选择模型构建。在客流 OD 分布的基础上，构建乘客路径选择模型，给出乘客在 OD 间选择不同路径的概率，将任一 OD 对间的客流分配到相应的路径上，形成一定时段内入网客流的空间分布。

（4）客流 OD 加载。OD 之间的任一条路径包括进站车站、出站车站、一系列站间区间，还可能包括一系列换乘车站。乘客自进入车站后，随着时间推移将逐步进入相应的车站或区间，最终从出站车站离开路网。因此，客流 OD 加载的任务就是按照路径上相应部分的时间消耗与特定规则，随时间动态变化将路径上的客流逐步加载到相应的车站或区间上，从而计算得到每一断面客流、进站进出客流、换乘客流量的动态变化。

基于客流分配方法在路网层进行较为宏观的客流推演时，采用的路网模型一般是以车站为节点、区间为弧进行构建，可以分时间段（如以 5min、15min、30min 为间隔）给出各车站、各区间的客流量。

二、基于仿真的推演方法

实现客流动态分布推演的另一种方法是计算机仿真。对于难以或不便于采用数学模型进行建模与求解的城市轨道交通复杂问题，可以通过构建城市轨道交通路网客流动态分布推演仿真模型，完成路网客流状态在时间与空间维度的动态推演，进而重现或预知交通流时空变化规律，从而对当前城市轨道交通系统进行一系列的分析研究。

构建路网客流动态分布推演仿真模型是实现客流推演的基础，在建立仿真模型时，需要将影响客流动态分布变化的路网设施、列车、乘客、运输组织方案等关键要素及其互动作用关系作为模型构建的核心，在给定的路网拓扑设施、客流特性、运输组织方案及运营场景条件下，模拟路网上列车运行过程、乘客出行选择及出行过程。在核心仿真模型基础上，通过仿真系统的运行实现客流动态分布推演，其基本原理如图 5-2 所示。

由以上原理图 5-2 可见，基于仿真的客流动态分布推演主要包括以下步骤：

（1）首先依据城市轨道交通路网基础数据，构建包括路网拓扑在内的仿真实验环境。

（2）在此基础上，根据推演运行条件获取客流和列车流相关信息，并运用一定算法，生成进入路网的列车流与乘客流数据，作为进入路网的输入数据。

（3）然后，核心仿真器在仿真时钟的驱动下进行仿真运算，推演得到路网内各乘客、各列车在任意时刻的所在位置、所处状态。

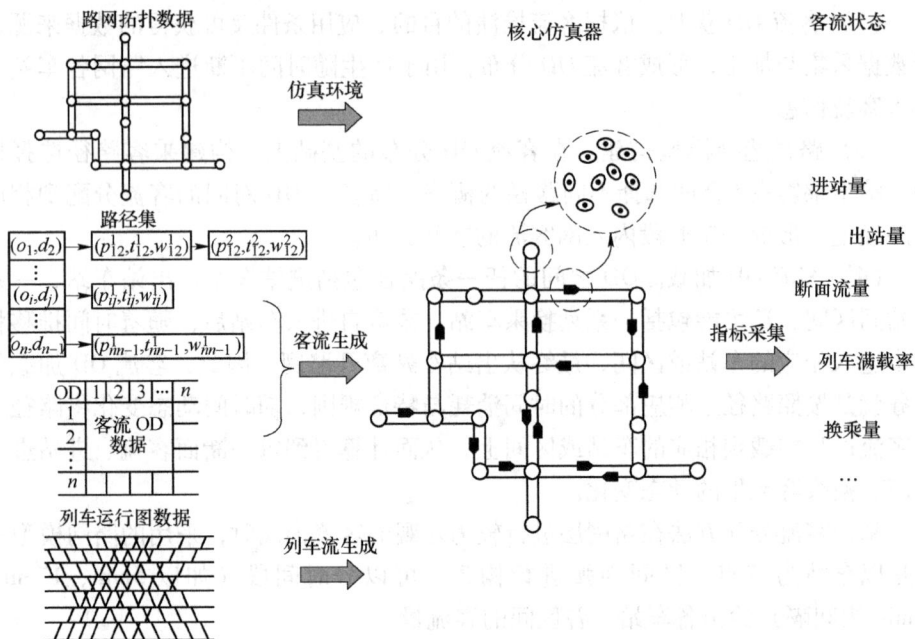

路网拓扑数据　　　　　　核心仿真器　　　　　客流状态

仿真环境

路径集

(o_1,d_2) → $(p_{12}^1,t_{12}^1,w_{12}^1)$ → $(p_{12}^2,t_{12}^2,w_{12}^2)$

(o_i,d_j) → (p_{ij},t_{ij},w_{ij})

o_n,d_{n-1} → $(p_{nn-1},t_{nn-1},w_{nn-1})$　客流生成

OD	1	2	3	…	n
1					
2		客流 OD 数据			
⋮					
n					

列车运行图数据　　列车流生成

进站量

出站量

断面流量

指标采集　　列车满载率

换乘量

…

图 5-2　基于仿真的客流动态分布推演原理

（4）进一步，从列车、线路、车站、区间、车站站台等不同角度获得线网各设施上承载的客流量的动态变化情况，形成客流分布状态变化的仿真数据。

（5）在仿真推演过程中，不断采集仿真动态数据进行统计计算，以便以不同统计粒度形成路网客流分布的统计指标。

值得注意的是，根据研究需求对客流分布精细程度要求的不同，客流在空间上的分布可以基于不同抽象程度的城市轨道交通设施来描述。例如，由各车站乘客聚集量、各区间断面流量可以较为粗略表示客流量在路网内各车站内和车站间的分布。而微观的客流分布应该给出路网各列车上的客流量，以及各车站的进出口、通道、站厅、楼梯、扶梯、站台、闸机、安检口、售票处等设施的客流分布数量。若精细程度要求介于这二者之间，可以给出各区间、各列车、各站内总体、各站站台、各站换乘区域等空间范围的客流分布量。可见，根据研究需求的不同，基于仿真的客流动态分布推演具有多粒度特性。

第二节　仿真建模分析

一、仿真系统需求分析

在网络化运营决策中，运营管理人员若能掌握当前路网客流分布及动态变化情况，将有助于制定合理的列车运行调整计划和车站客流控制方案。为满足城市轨道交通系统客流推演的需求，仿真系统应该满足以下要求。

（一）构建列车流与客流结合的路网级仿真系统

根据包含的核心仿真对象不同，城市轨道交通仿真系统可以大致分成列车流仿真、乘客流仿真、列车流与乘客流集成的仿真三种，而从仿真范围上，又可以划分为车站级仿真、线路级仿真、路网级仿真等类型。

一般而言，较大仿真规模建模对象的范围大，能刻画更多要素，适宜解决尺度更大的决策问题。在网络化运营条件下，城市轨道交通系统的运营涉及多个方面的复杂因素，仿真系统主要包含车站、线路及相关设施设备，列车、乘客以及不同层次的运输组织方案与计划等核心建模成分，因此，构建能够涵盖列车运行过程和乘客出行过程的路网级仿真系统更能满足本书所面对的客流分布动态推演问题的需求。

（二）快速响应时间要求下的在线仿真

依据仿真运行条件，仿真系统一般可以分成离线与在线两类运行方式，既有研究形成的众多仿真系统主要是为系统分析与评估服务，多为离线式仿真。而在线条件下的仿真运行需从真实系统中接入建模对象的实际动态数据，要求在一定的响应时间内完成当前计算，并在一定时间范围内保持与真实系统的同步运行。

本书进行客流分布动态推演仿真的目的是支持实际 AFC 数据接入条件下的运营决策，属于具有快速响应要求的在线仿真，另外，由于城市轨道交通系统的实际 AFC 数据是分时段上传的，与真实的系统状态之间存在一定延时，这种条件下的路网客流动态分布推演仿真可以称为一种准实时在线仿真。

（三）基于"个体"粒度的中观层仿真建模

对于仿真粒度与建模层次的选择，需要从结果精度以及运算效率两个角度综合考虑。一般情况下，微观层细粒度的仿真模型能够细致而全面地描述仿真对象信息，给出高精度的仿真结果，与此同时，需要消耗大量建模与仿真资源，影响仿真效率；而宏观层粗粒度仿真建模则正好与之相反。本书进行客流仿真推演的目的是支持实时 AFC 数据接入条件下的运营决策，采用"个体"粒度下中观层建模方式，可以更好地平衡仿真规模和仿真结果精细程度之间的矛盾，用灵活且高效的方式实现路网客流动态分布的推演。

（四）基于并行计算的快速仿真

一般而言，在同样的仿真精度条件下，仿真对象的规模扩大会增加仿真的运算量。而一些大城市的轨道交通系统往往拥有数百座车站，日均开行成千上万列列车，运送数百万乃至上千万乘客。与目前常见的车站级仿真和线路列车运行仿真相比，路网客流推演的仿真规模巨大，对仿真运算能力提出了严峻挑战。因此，本书将结合并行计算技术研究客流分布动态推演的快速仿真方法，以适应大规模路网客流分布动态推演的庞大运算量以及快速响应的要求。

二、核心仿真要素及其关系分析

按照系统仿真基本原理，客流分布推演是在给定初始客流状况条件下，利用仿真模型随着仿真时钟的推进一步一步更新路网运营状况并计算客流分布状态的过程。从这一角度看，城市轨道运营系统是由路网基础设施、列车、乘客、运输组织等多个部分的要素组成。

（一）路网基础设施

路网基础设施是路网内乘客出行和列车运行的物质载体，譬如乘客在车站内走行过程以及列车在区间开行过程都需承载于车站或区间之上；同时路网基础设施也限制了同一时刻各不同设施所能承载的最大客流数，对设施能力进行一定约束。

（二）乘客

乘客主体是路网的主要研究对象，其整个出行过程变化影响着路网客流状态，乘客在路网中利用车站和列车服务完成出行过程，主要包括乘客到达车站，选择路径，在路径上完成进入车站、通过或驻留某车站设施、上车、下车、换乘、出站等活动环节。

（三）列车

列车主体是路网中承载运输能力的对象实体，路网内乘客需要借助列车运行，才能实现其在路网内的出行过程，列车根据时刻表与调整方案，形成列车到站、停车、出发等状态变化，为乘客的上车、下车状态变化给出了必要条件。

（四）运输组织方案

由列车运行图、列车交路、车站限流方案等组成的运输组织计划与方案，在路网中作为驱动列车活动、设施运用状态变化的依据，列车运行及设施安排按照运输组织方案进行，对乘客在路网中的出行过程产生影响。

路网基础设施、列车、乘客、运输组织等关键要素及其动态作用关系如图5-3所示，本书针对客流动态分布推演的需求，依据各要素及其作用关系进行仿真模型的构建。

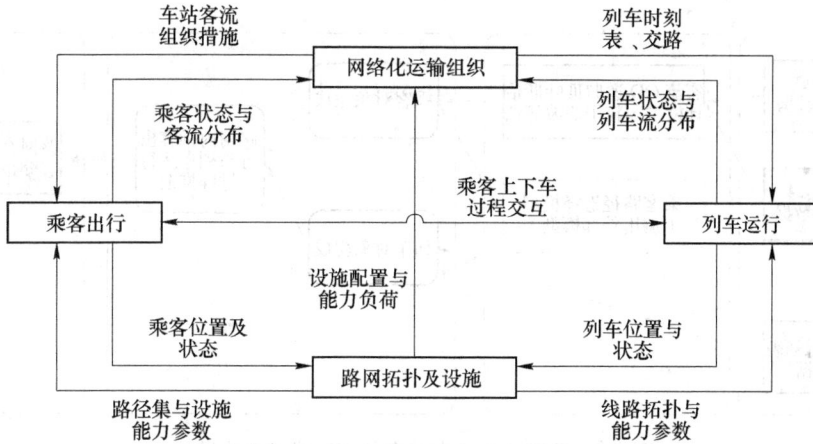

图 5-3　路网各关键要素及其动态作用关系

第三节　仿真模型构建

一、仿真建模思路与模型框架

在仿真系统中，列车和乘客是决定系统状态的主导实体。在各自的生命周期内，按照一定的行为规则，在与其他实体相互作用下，列车和乘客均在路网上各自的路径上完成一系列活动或过程，其客流集合和列车流集合在路网上的分布不断发生变化，从而形成系统的状态演变。在此，一定范围内的大量乘客个体和列车个体的集合构成了"客流"与"列车流"，统称为"运输流"，而"运输流"的动态变化决定了路网运营状态。

因此，本书围绕路网设施上乘客出行过程与列车运行过程进行模型构建，依据前文形成的客流 OD 动态估计数据，并调用外部的路径选择模型，作为路网客流输入数据从而产生进入路网的乘客个体集，对所有个体的状态转移进行驱动与控制，伴随着路网实时信息的获取与仿真进程推进，在时间与空间维度上形成路网整体的系统状态推演。路网客流动态分布仿真建模的基本路线如图5-4所示。

按照上述路线进行仿真建模，本书构建了城市轨道交通路网客流动态分布推演仿真模型框架，如图5-5所示。

由图5-5可见，城市轨道交通路网客流动态分布推演仿真建模的要点主要包括：

（1）基于本书第四章的模型与算法，以客流 OD 动态估计获得的路网分时客流 OD 数据为基础，利用乘客生成子模型产生当前仿真时段路网内的乘客个体信

数据输入 ➡ 入网客流信息动态产生 ➡ 路网内客流与车流状态仿真推演 ➡ 数据输出

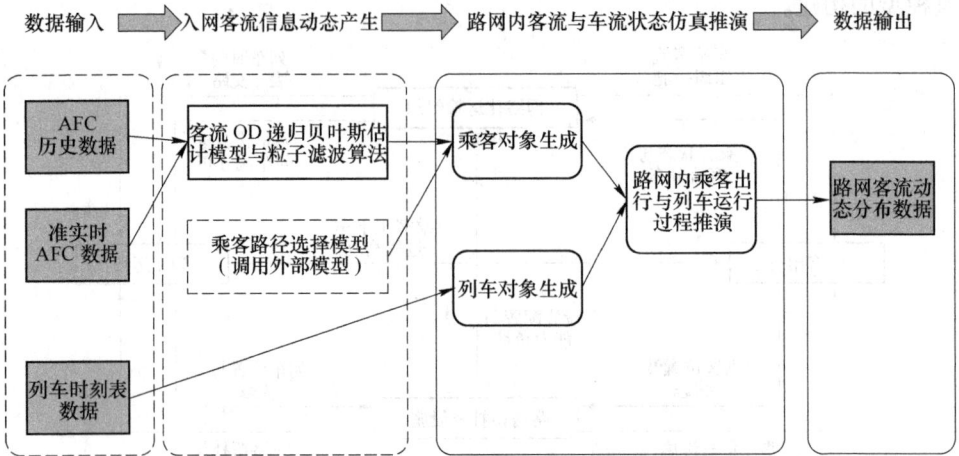

图 5-4　路网客流动态分布仿真建模的基本路线

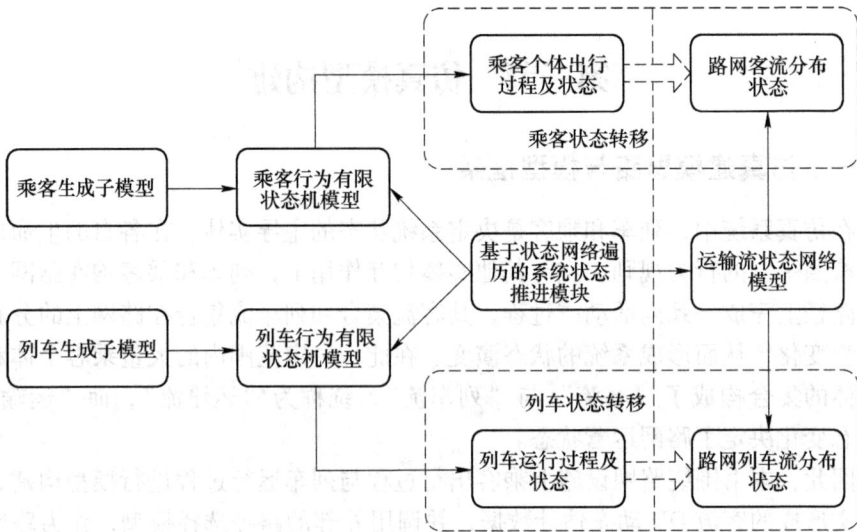

图 5-5　路网客流动态分布推演仿真模型框架

息，包括进站车站、出站车站、到达时间等。

（2）依据运营当日执行的列车时刻表，利用列车生成子模型产生路网各线的列车个体信息，始发站、终到站、沿途各停站、沿途各停站的到达与出发时刻、列车编组与定员等。

（3）利用既有研究方法中的路径选择模型，以外部调用的方式生成各乘客在路网中的路径信息。

（4）从乘客或列车个体行为的角度出发，构建乘客出行过程状态转移子模型及列车运行过程状态转移子模型，描述路网不同位置上乘客与列车个体在不同情况下的活动与状态转移逻辑关系。

（5）随仿真进程的推进，为了驱动乘客个体和列车个体的状态转移，并形成路网整体的状态变化，本书将"运输流"状态的抽象与路网基础设施的抽象关联起来，构建本书的"运输流状态网络"模型，并以此作为系统状态推演的载体，实现客流、列车流、路网基础设施三者间动态交互作用的刻画与系统状态的不断推演。

（6）在"运输流状态网络"基础上，本书采用状态网络遍历的方法驱动各实体的状态转移，从而将乘客个体和列车个体的行为变化转化为路网整体运输流的动态推演过程。

二、乘客与列车生成子模型

（一）乘客生成子模型

乘客生成子模型是客流仿真中乘客个体对象的来源，基于机器学习与粒子滤波的客流 OD 动态估计模型，产生每一时段的分时客流 OD 数据，在时段内利用随机分布规律生成乘客个体及其基本属性，包括乘客进站车站、出站车站、进站时刻。由于乘客个体出行行为需要包含路径信息，因此对于每一个生成的乘客个体都需调用既有的路径选择模型为乘客赋予相应的路径信息。然后根据各乘客进站时刻将生成的各乘客置于站外等待进站乘客队列中，等待推演引擎触发其状态变化。

乘客生成子模型步骤如下：

Step1：依据当前时段编号 k，获取对应的客流 OD 数据 ODdata；

Step2：由 ODdata 中获取一条 OD 数据，包括进站车站 i、出站车站 j、客流量 odnum；

Step3：判断 odnum 是否为 0，若为 0 则跳到 Step8，否则 odnum 减一；

Step4：生成包含当前进、出站车站信息的乘客对象 curPed；

Step5：在当前时段 k 的基础上，利用均匀分布规律为当前乘客 curPed 指定该时段内的具体进站时刻；

Step6：利用进站车站 i、出站车站 j、当前时段 k 等信息，调用路径选择模型确定当前乘客 curPed 的走行路径；

Step7：将当前乘客 curPed 添加到站外排队队列 InStationPedQueue，等待推演引擎触发其状态变化，跳到 Step3；

Step8：判断 ODdata 是否全部取完，若是则返回，否则跳到 Step2；

乘客生成子模型流程如图 5-6 所示。

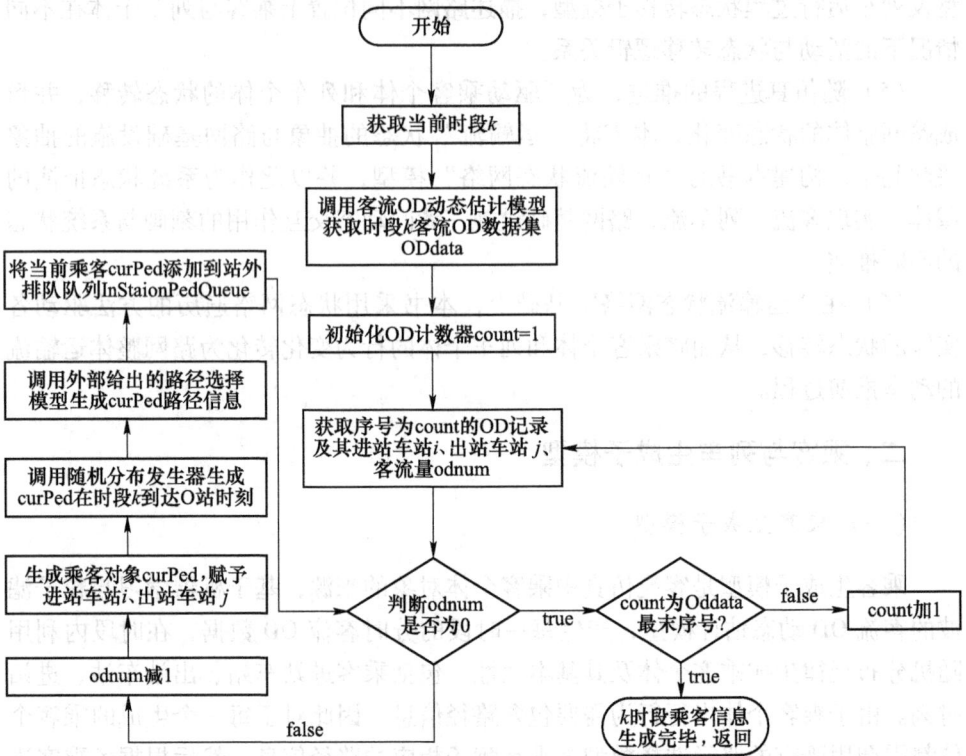

图 5-6　乘客生成子模型流程

（二）列车生成子模型

列车生成子模型是客流仿真中列车个体对象的来源，其生成主要源于各线路当前执行的时刻表，通过读取该数据，可循环生成拥有各车站到发时刻的列车实体对象。生成的每一列车个体将根据出段时间先后置于列车等待出段队列之中，等待推演引擎触发其状态变化。

列车生成子模型步骤如下：

Step1：加载各线路运行图数据 TrainsData，初始化临时存储对象 trainMap；

Step2：读取一条运行图数据 curTrainData，包含必要列车车次 trainCode、车站信息 stationInfo、到站时间 arrivalTime、离开时间 departureTime；

Step3：判断 trainMap 中是否存在当前车次列车，若存在则获取对应 curTrain，否则新建列车对象 curTrain（包含到发时间队列 arrDepQueue），建立与 trainCode 映射关系，存于 trainMap［trainCode］；

Step4：将 stationInfo、arrivalTime、departureTime 添加到 curTrain 中的时间队列中；

Step5：判断 TrainsData 是否全部取完，若没取完跳到 Step2；

Step6：将 trainMap 中所有列车对象按最早发车时间排序，置于列车等待出段队列 trainWaitQueue；

列车生成子模型流程如图 5-7 所示。

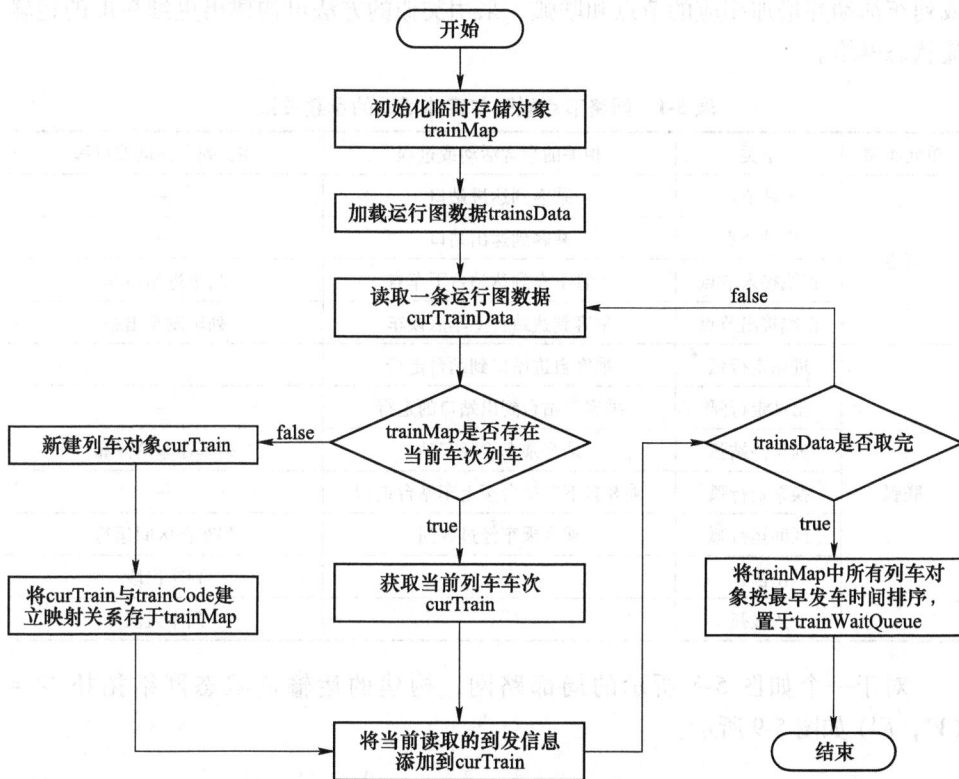

图 5-7　列车生成子模型流程

三、运输流状态网络模型

运输流状态网络模型是在要仿真的路网拓扑结构基础上进行构建的。针对给定的城市轨道交通路网构建相应的交通流状态网络模型时，需要首先抽象出与其描述精细程度相适应的活动，并从承载相应活动的角度出发定义网络中的节点和联弧，进而构建运输流状态网络。

本书研究的客流分布动态推演主要为网络化运营决策服务，对于列车活动及运行过程，主要关注列车出段、入段、进站、停站、出站、折返、区间运行等环节；对于乘客出行活动及过程，关注乘客到达车站、进站、站内走行、候车、上车、乘车、下车、换乘、出站等，一般可忽略列车或乘客在某一时刻的精确位置、速度、加速度等细节。

　　为满足这种精细度要求，我们可以抽象出表 5-1 所示的各类节点与联弧，以承载上述相应活动环节。其中，某些节点和联弧仅承载乘客或列车活动，某些则属于乘客与列车共用。对于更精细的客流推演需求，则可以抽取出更细致的乘客或列车活动并增加相应的节点和联弧，采用类似的方法可构建出更细粒度的运输流状态网络。

表 5-1　网络节点联弧与实体活动的承载关系

单元类型	子类	相关的乘客活动或过程	相关列车活动或过程
节点	进站节点	乘客到达进站口	—
	出站节点	乘客到达出站口	—
	正线接入节点	乘客下车到达站台下车点	列车进站停车
	正线接出节点	乘客到达站台上车点候车	列车发车出站
联弧	进站走行弧	乘客自进站口到站台走行	—
	出站走行弧	乘客自站台到出站口的走行	—
	列车停站弧	乘客乘车途径车站	列车在车站停靠
	换乘走行弧	乘客自下车站台至上车站台走行	—
	区间运行弧	乘客乘车经过区间	列车在区间运行
	出段弧	—	列车出段
	入段弧	—	列车入段

　　对于一个如图 5-8 所示的局部路网，构建的运输流状态网络拓扑 $G' = (V', E')$ 如图 5-9 所示。

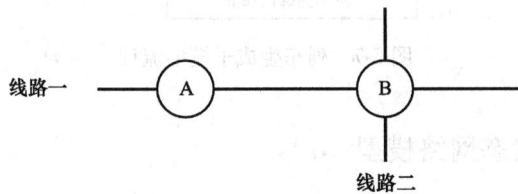

图 5-8　局部路网示意图

　　因此，对于一个需要仿真的城市轨道交通系统，设其路网设施为 G，可以构建与其对应的运输流状态拓扑 G'，并可用有向图 $G' = (V', E')$ 来表示，其中节点 V'_i 用来承载乘客或列车在某一个位置的活动，弧 E'_i 则承载乘客或列车在各活动之间的走行或运行过程。本书将节点和联弧统称为网络单元，用 8 元组来对其进行一般化表述 {UnitID, Type, SubType, CurEntity, PreUnit, NextUnit, Capacity, TrafficFeature}。

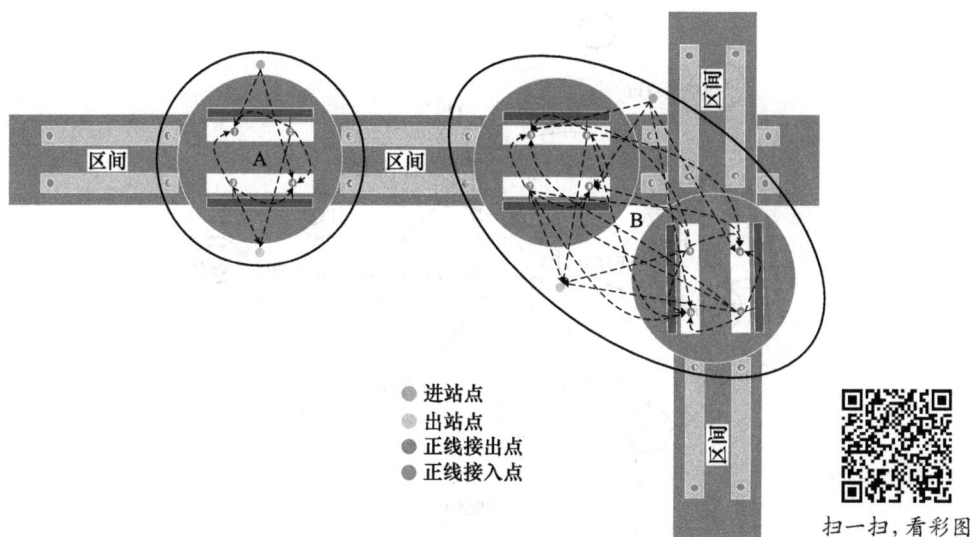

图 5-9　运输流状态网络拓扑示例

其中：

（1）单元编号 UnitID，是节点或联弧的唯一标识，与路网 G 中相应的设施设备具有相同标识。

（2）单元类型 Type，用于区别当前单元是节点还是联弧。

（3）子类型 SubType，根据可承载的乘客或列车活动类型进行划分，与表5-1对应。

（4）实体集 CurEntity，是当前单元所承载的所有乘客与列车实体集。

（5）前驱单元集 PreUnit，是能够到达当前单元的所有其他单元信息。

（6）后驱单元集 NextUnit，是当前单元能够到达的所有其他单元信息。

（7）单元能力 Capacity，对应当前单元设施设备的能力参数，例如，节点与联弧的容纳能力参数，站内联弧单位时间最大通行客流量参数、区间联弧的列车通过能力参数等。

（8）单元性能 TrafficFeature，对应当前单元设施设备的交通性能参数，如进站节点的服务时间参数与最大进站客流速度参数，通道联弧内不同客流负荷下的乘客走行时间分布参数，区间联弧的列车运行时分参数等。

四、乘客出行过程状态转移子模型

本书对乘客进入、离开路网中某类设施及在设施内的活动进行状态抽象，形成了乘客出行过程状态转移子模型，可用如图 5-10 所示的乘客有限状态机模型 FSM-P（Finite-State Machine for Passenger）进行描述。

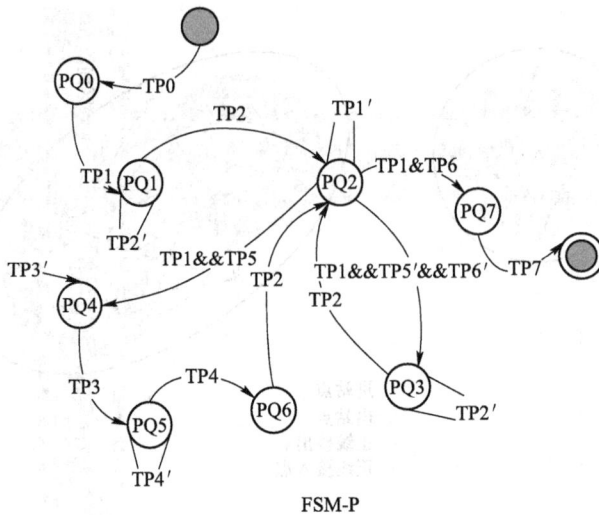

FSM-P

图 5-10　乘客有限状态机模型 FSM-P

　　如图 5-10 所示，黑实心圆表示乘客实体的初始状态，双圈圆表示终止态，其他圆圈表示乘客的某一状态，联弧代表状态间的转移条件，即在仿真推进过程中，在时间条件满足的情况下，若转移条件也满足，则可将乘客转移到下一个状态。

　　乘客实体被创建后处于初始状态，转移弧 TP0 被设置为 TRUE，当仿真推进到乘客生成的时间条件满足时，该乘客立即转入下一状态 PQ0，后续的主要乘客状态及相关转移情况如下所述。其中，条件 TP1′、TP2′、TP3′、TP4′、TP5′、TP6′分别表示条件 TP1、TP2、TP3、TP4、TP5、TP6 的"非"。

　　（1）乘客处于生成状态 PQ0，代表当前时刻乘客已生成，在仿真推进过程中，在该状态下当满足时间条件被调度后，若满足条件 TP1（满足车站进站节点的能力约束条件），转向乘客进入车站状态 PQ1。

　　（2）乘客处于进入车站状态 PQ1，代表乘客位于车站的进站节点上，在该状态下当满足时间条件被调度后，若进一步满足下一联弧的能力约束条件 TP2，则该乘客将转为站内联弧内走行状态 PQ2。

　　（3）乘客处于站内联弧走行状态 PQ2，代表乘客在车站内走行，在该状态下当满足时间条件被调度后，乘客首先需要判断下一节点类型，根据不同节点判断是否进一步满足对应节点的约束条件，若满足则乘客进入下一节点。乘客的下一节点类型与乘客在当前车站的活动类型及乘客在路径上位置有关。对于在本站进站上车的乘客或由站内其他站台换乘过来的乘客且当前联弧为站内最末一段联弧（满足条件 TP5），若再满足节点能力约束 TP1，则下一步进入站台候车状况 PQ4；对于在本站下车出站的乘客且当前联弧为站内最末一段联弧（满足条件

TP6)，若再满足节点能力约束 TP1，则下一步进入乘客出站状态 PQ7；否则，该联弧不是乘客站内路径上的最末条弧，满足节点能力约束 TP1 时，进入站内下一个节点走行状态 PQ3。

（4）乘客处于站内某节点走行状态 PQ3，代表乘客在站内某类节点内活动，若时间条件满足，则进一步判断下一联弧的能力约束条件 TP2，若满足则进入下一状态联弧走行状态 PQ2。

（5）乘客处于站台候车状态 PQ4，代表当前时刻乘客在站台等待列车到达，当满足时间条件被调度时，需要判断状态 TP3（当前站台停靠列车是否开门、列车容量是否满足要求），若满足则乘客状态转为乘车运行状态 PQ5。

（6）乘客处于乘车运行状态 PQ5，代表乘客在列车上乘车运行，当前状态乘客只有列车停靠站台时才会被调度，当乘客满足当前车站为到达站 TP4 时，乘客转为下车到达站台状态 PQ6。

（7）乘客处于下车到达站台状态 PQ6，代表乘客下车后到达站台，当时间条件满足时，判断下一联弧的能力约束条件 TP2，若满足则进入下一联弧走行状态 PQ2。

（8）乘客处于出站状态 PQ7，代表当前乘客已经完成本次出行过程，因条件TP7 被置为 TRUE，等待当前乘客对象被调度销毁。

五、列车运行过程状态转移子模型

本书对列车进入、离开路网中某类设施及在设施内的活动进行状态抽象，形成了列车运行过程状态转移子模型，可用如图 5-11 所示的列车行为有限状态机模型 FSM-T（Finite-State Machine for Train）进行描述。

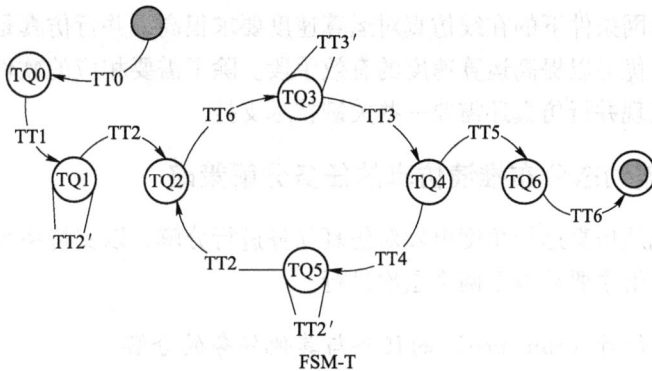

图 5-11　列车有限状态机模型 FSM-T

如图 5-11 所示，列车实体被创建后处于初始状态，在仿真推进过程中，在时间条件满足的情况下，若转移条件也满足，则该列车转移到下一个状态。转移弧 TT0 被设置为 TRUE，当仿真推进到列车生成的时间条件满足时，该列车立即转入下一状态 TQ0，后续的主要列车状态及相关转移情况如下所述。其中，条件 TT2′、TT3′分别表示条件 TT2、TT3 的"非"。

（1）列车处于生成状态 TQ0，代表当前时刻列车已生成，在仿真推进过程中，当该状态被调度和设置后，若满足条件 TT1（满足出段弧的能力约束条件），则转向列车出段状态 TQ1。

（2）列车处于出段状态 TQ1，代表列车已准备上线，当该状态列车被调度后，若满足条件 TT2（满足车站停站弧对应设施能力约束条件），则转为列车到站开门状态 TQ2。

（3）列车处于到站开门状态 TQ2，会自动进入站台停靠状态 TQ3，满足列车发车时间条件被调度后，若判断满足 TT4（满足区间运行弧对应设施能力约束），则列车转为关门发车状态 TQ4。

（4）列车处于关门发车状态 TQ4 后，立即判断当前车站是否为交路终点，若非交路终点 TT5，则列车转为区间运行状态 TQ5；若为交路终点 TT6，则列车转为入段状态 TQ6。

（5）列车处于区间运行状态 TQ5，当满足列车到到站时间条件会再次被调度，此时若满足条件 TT2，则列车转为到站开门状态 TQ2。

（6）列车处于入段状态 TQ6，代表当前列车已经完成本次出行过程，因 TP3 被置为 TRUE，等待当前列车对象被调度销毁。

第四节　客流动态分布推演仿真方法

大规模路网条件下的在线仿真对运算速度要求很高，并行仿真是一种充分利用多核计算机优势以提高运算速度的有效手段。除了需要相应的软件、硬件环境的支持外，实现并行仿真还需要一些关键技术支持。

一、客流动态分布推演仿真的任务分解策略

本书首先从仿真运行角度出发对仿真任务进行分解，以支持系统的快速仿真运算。任务分解主要从以下两个层次进行。

（一）运行时（run-time）的任务与其他任务的分解

根据各仿真任务与仿真时钟的耦合关系，本书首先将仿真任务分解为两大部分：一部分必须随仿真时钟运行，称为 Run-time 部分；另一部分任务可以在仿真时钟启动前运行。这样可以尽可能减少系统在仿真 Run-time 过程中的运算量，提高仿真速度。本系统利用历史数据对基于 LSTM 的客流 OD 预估模型进行训练，

由于训练程序运行时间较长，相应的模型构建程序可以作为非 Run-time 的仿真任务。此外，外部接入的路径选择模型也可提前运行以生成路径集与各 OD 间不同路径的选择概率，以一定方式存储供运行时调用。仿真模型中其余部分则属于运行时（run-time）任务在仿真进程推进时运行。

（二）面向并行仿真对运行时（run-time）任务的进一步分解

对于运行时（run-time）仿真任务，进一步按照并行仿真的需要将仿真任务分解为多个仿真子任务。一般而言，并行仿真策略主要包括功能分解和域分解两大类。在成网条件下，城市轨道交通系统是由路网基础设施、列车、乘客、运输组织等多个子系统构成，各子系统既相对独立又相互作用。因此，适宜首先基于功能进行仿真任务分解。本书将仿真模型划分为路网拓扑与设施、客流 OD 动态估计、乘客生成、列车生成、乘客活动仿真、列车运行仿真等子任务。其中，路网拓扑与设施模型是共享数据，乘客活动仿真与列车运行仿真构成核心仿真器。此外，城市轨道交通系统在空间上由多条线路、多座车站构成，可以自然采用域分解方式，进一步将核心仿真器再划分为若干个子任务。在这种混合并行策略下，仿真执行的并行度可以得到提高，并支持仿真功能与规模的扩展。

由此，经上述策略分解后形成城市轨道交通路网客流动态分布推演的仿真任务框架如图 5-12 所示。

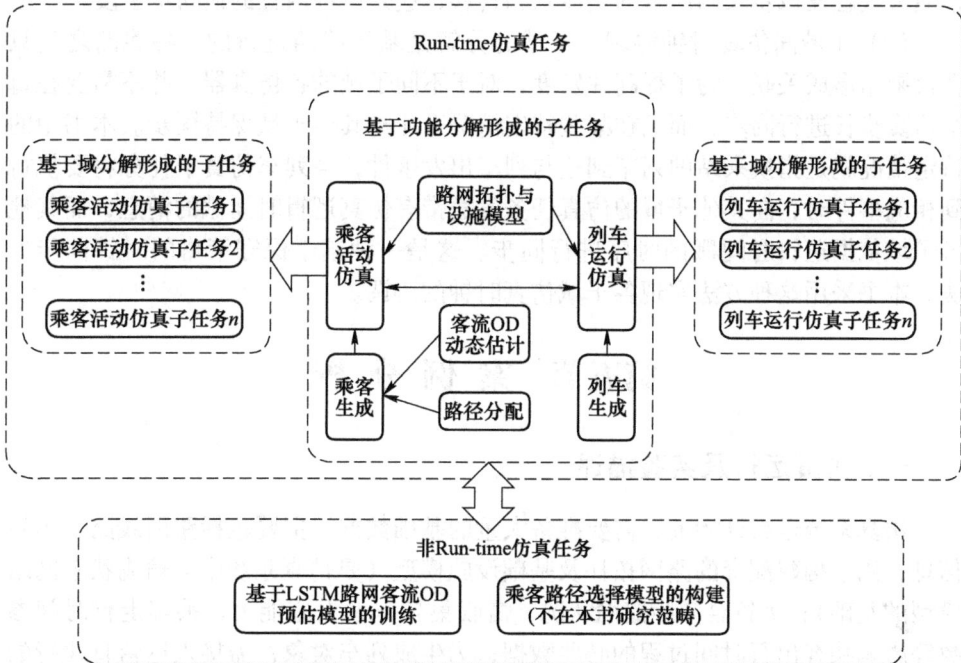

图 5-12　城市轨道交通路网客流动态分布推演仿真任务框架

二、仿真时钟协调方法

以时间步长法为基础实现仿真时钟步进时，由于本系统属于准实时仿真，同时又采用了并行仿真技术，需要研究时钟协调方法。本书分别从外同步和内同步两个方面实现时钟协调。

（一）仿真时钟与真实时钟的外同步

仿真时钟与外部真实时钟的同步主要为了获取实时 AFC 数据，因此，需要在每个时段的末端进行仿真时钟与外部时钟的同步。

（二）仿真系统各并行任务的内部同步

在外部同步的较大间隔内，为了提高系统仿真精度，仿真系统内部采用了更小的间隔来推进系统内部的仿真时钟（1s），由于其组成部分被分解，并行仿真系统需要采用一定的时钟协调机制来维护系统内部的时空一致性。城市轨道交通路网运营仿真核心模型可划分为若干个仿真子域，一个子域内又包含若干个列车运行仿真器和乘客活动仿真器。

（1）仿真子域内时钟协调。同一个子域内的列车与乘客交互作用较频繁，且各实体状态变化速度相差不大。因此，可以在子域逻辑时钟的约束下，由状态推演模块触发该步长内所有的实体状态转移，这是一种内置的强同步手段。

（2）子域间仿真时钟协调。子域的分解是基于线路进行的，各线路之间只在换乘站形成关联，为了提高并发度，对于不同子域的各仿真器，并不需要在每个仿真步长进行同步，而只在某些特定情况下才与其他子域保持同步。本书中的特定情况就是指换乘站的列车到达与列车出发事件，当列车仿真子任务将要执行到相应事件时，向其他子域的仿真任务发送带有仿真逻辑时间戳的消息，而其他各子域依据逻辑时间戳的时序进行同步。这是一种基于保守策略的时钟同步方法，本书采用这种方法实现各子域仿真时钟的协调。

第五节　案 例 分 析

一、仿真运行及实验描述

仿真系统运行开始前，需要准备大量的基础数据，主要包括路网线路、车站信息，用于构建配套的路网拓扑及基础设施模型（是仿真系统中运输流状态网络模型的基础）；为符合实际路网状况，需收集各车站设施能力、乘客走行时间参数等影响乘客出行时间过程的必要数据；为生成列车对象，需接入运营日执行的列车时刻表数据，并为运行调整后的时刻表预留接口；为动态生成符合当日运营实际的客流信息，需收集历史 AFC 数据，经数据处理后训练基于 LSTM 的客流 OD 预估模型。

数据准备完成后，在运营当日，依据仿真运行案例信息及相关参数加载路网拓扑数据构建状态网络模型，加载列车时刻表数据生成列车对象，加载客流 OD 预估模型嵌入客流 OD 动态估计模块，设置仿真初始时间及系统初始映像，然后启动仿真运行。

仿真运行中，由客流 OD 动态估计模块对本时段 OD 进行估计，然后随仿真步长（每 1s）推进，核心仿真推演器将完成路网中所有乘客出行过程及列车运行过程的动态推进，并计算得到随时间变化的客流分布动态数据，以及相应的仿真指标。

最后，结合不同的目的，可利用仿真结果对路网运营状态进行多方面的分析与评估，以支持网络化运营决策。

二、仿真结果与验证

本书选用某市地铁 3 月某日作为应用案例进行研究。2018 年 3 月，某市地铁共开通 14 条线路、205 个车站，形成复杂的城市轨道交通路网结构。首先采集了实时 AFC 数据，然后接入到本书开发的城市轨道交通路网客流动态分布仿真推演系统中，实现客流动态分布仿真推演，为运营部门及时准确地掌握路网当前的客流分布状况及变化过程提供新的技术手段，同时也为路网运营状态分析提供定量数据支持。相关校核数据来源见表 5-2。

表 5-2　校核数据来源

实际样本数据	仿真实验数据
2018 年 3 月某日某市地铁全网 AFC 刷卡数据	以 2018 年 3 月某日路网拓扑、客流 OD 数据、运行图数据构建的仿真方案运行后获得的客流统计数据

从实际样本数据和仿真实验数据中，可分别获得分时出站客流、分时断面客流、客流各 OD 的分时到达量这 3 个指标的实际数据及相应的仿真结果数据，通过对比，能够在一定程度上反映系统的结果是否可用，因此分别从以下 3 个方面进行结果分析比较，选用平均相对误差指标 MAPE 进行误差或偏差计算。

$$MAPE = \frac{1}{n}\sum_{i=1}^{n} \frac{|xr_i - xp_i|}{xr_i} \tag{5-1}$$

式中　xr_i——实际数据；

xp_i——仿真样本值；

n——样本总量。

（一）出站客流量校核

利用全网各站各时段的仿真样本数据与实际统计分时出站客流数据进行计算，得到全网所有车站的平均误差为 11.61%，其中部分车站出站量对比如图 5-13 所示。可见，仿真结果与实际数据较吻合。

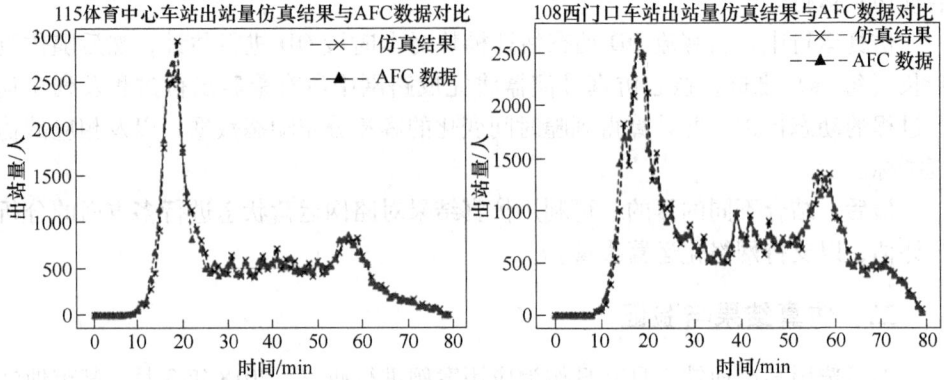

图 5-13　部分车站出站量对比

（二）客流 OD 的分时到达量校核

最后，将路网各 OD 的分时到达量进行统计对比，得到平均相对误差为 15.42%。将所有客流 OD 的分时到达量对比做散点图，如图 5-14 所示，横坐标表示仿真统计所得客流 OD 分时到达量值，纵坐标表示由 AFC 刷卡数据统计所得客流 OD 分时到达量，结果表明两者数据偏差较小、拟合度较高。

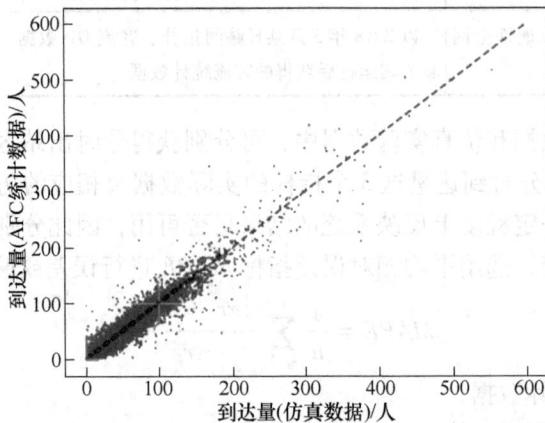

图 5-14　客流 OD 到达量对比

由以上对分时出站量、分时断面客流量、客流 OD 分时到达量的分析可知，城市轨道交通路网实时客流仿真推演系统与实际情况较符合，因此可用该系统对实时的路网状况进行分析研究。

三、路网客流动态分布状况分析

仿真推演过程中产生大量与客流状态相关的数据，分为按每个仿真步长记录的仿真动态数据以及按分时段方式计算出的相关统计指标数据两类仿真结果。

（一）使用仿真动态数据进行分析

按仿真步长计算出的仿真动态数据，主要是瞬时的客流状态数据，如当前时刻各线在网人数、各车站人数、区间运行列车满载率等，该类数据由于数据量庞大，因此不做持久化处理，主要采用二维可视化动画以及查询形式展示，能够给出路网运营状态的动态变化过程，展示结果直观、完整，便于宏观把握运营态势的发展变化。

图 5-15 所示为某市地铁某时刻路网整体客流状态，左侧栏为各线路、车站当前时刻客流状况分布图，以二维动画的形式给出，为了便于把握车站区间客流拥堵状况，按某市地铁实际需求，将拥堵分为 4 个级别，分别为舒适、轻度拥挤、中度拥挤以及重度拥挤。右侧栏为当前时刻各线路及路网客流量，通过该信息可了解路网当前客流量较大线路信息。

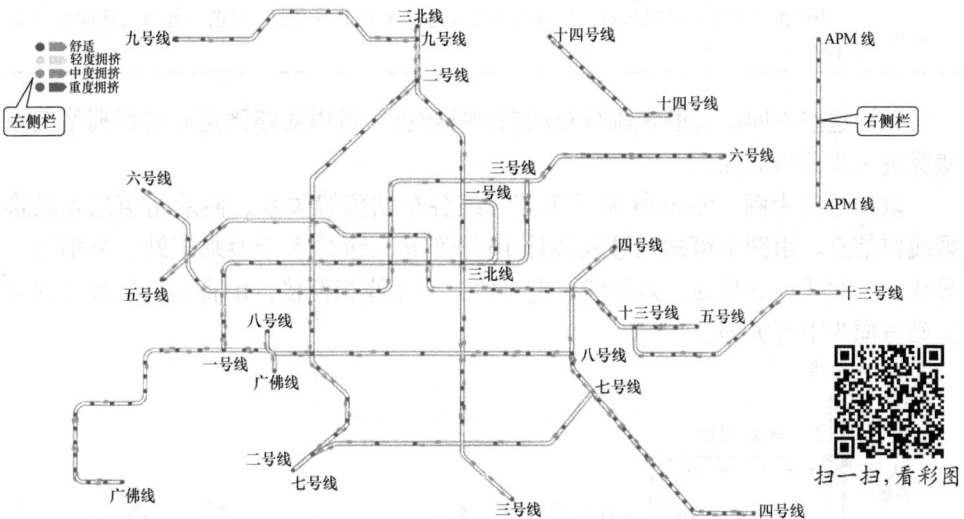

图 5-15 在线客流动态分布仿真推演界面

在任一当前时刻，通过仿真推演可以直观发现路网某些车站出现客流拥堵，可进一步对造成车站拥堵的客流来源进行分析，例如利用仿真结果对路网中某一

时刻最拥堵的前 M 个车站的进出站客流的变化趋势以及站内乘客来源车站组成等信息进行抽取和显示，为限流方案制定提供数据支持。

（二）使用时段统计指标进行分析

按分时段的方式计算出相关统计指标，从不同层次给出与客流分布相关的定量结果，便于结合运营经验把握实时运营状态，并为进一步客流分析提供定量依据。本书分别从路网、线路、车站、区间 4 个层次对客流状态变化进行实时统计，具体统计指标见表 5-3。

表 5-3　城市轨道路网客流动态分布推演仿真输出指标信息

统计层	统计指标
路网	累计进站客流量、累计出站客流量、当前统计时段进站客流量、当前统计时段出站客流量、当前统计时段平均车站人数、当前统计时段平均列车人数、当前统计时段累计上车人数、当前统计时段累计下车人数、当前统计时段换乘乘客数
线路	当前线路至其他线路换出客流量、其他线路至当前线路换入客流量、当前统计时段平均车站人数、当前统计时段平均列车人数、当前统计时段累计上车人数、当前统计时段累计下车人数
车站	当前统计时段车站平均聚集人数、当前统计时段进站客流量、当前统计时段出站客流量、当前统计时段各站台最大聚集人数、当前统计时段各站台平均聚集人数、列车到达各站台上车人数、列车到达各站台下车人数、列车离开后各站台滞留人数
区间	当前统计时段通过列车数、当前统计时段通过各列车乘客数、当前统计时段区间平均满载率

运用这些不同层次的客流分布动态指标数据，可以对路网实时客流拥堵变化状况进一步分析研究。

以三号线为例，图 5-16 所示为三号线各车站位置关系、换乘站信息以及换乘线路信息。由图中可知三号线共计 16 个车站，包含 5 个换乘车站，分别与一号线、三北线、五号线、六号线、七号线、八号线相衔接，由番禺广场往天河客运站方向为下行方向。

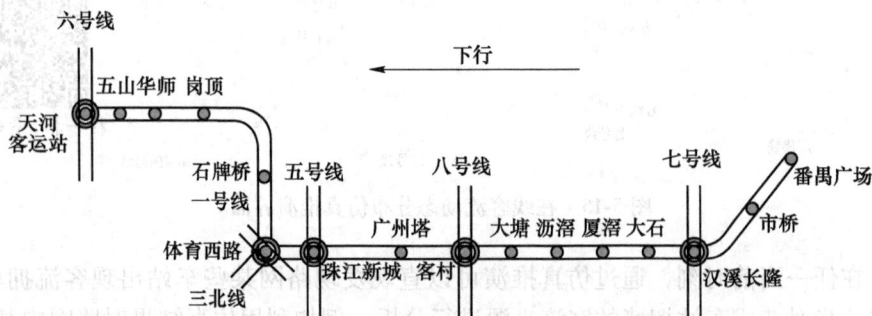

图 5-16　三号线车站信息

通过仿真数据，可以得到三号线 7 点至 12 点早高峰时各车站客流变化趋势，如图 5-17 所示。

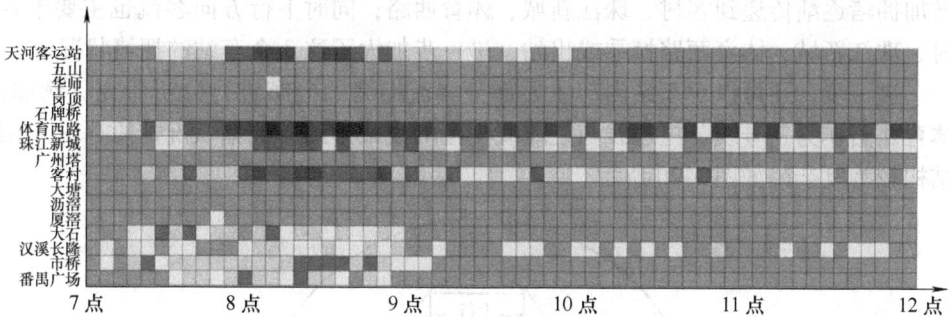

图 5-17 三号线早高峰拥堵趋势变化

由图中可知三号线早高峰主要拥堵车站有番禺广场、市桥、大石、客村、珠江新城、体育西路、天河客运站，从图 5-17 可以看出各车站拥堵状况随时间的变化。再结合三号线早高峰上下行各区区间拥堵趋势（如图 5-18 与图 5-19 所示），可以进一步研究三号线客流拥堵传递方向。

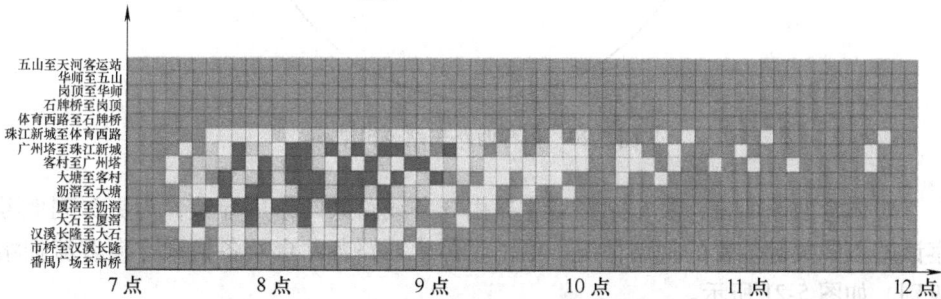

图 5-18 三号线早高峰下行区间拥堵趋势变化

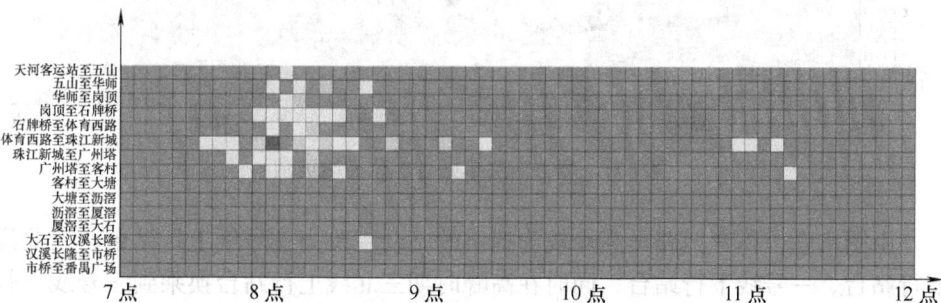

图 5-19 三号线早高峰上行区间拥堵趋势变化

结合图 5-19 车站拥堵变化，可知客村、珠江新城、体育西路为三号线客流吸引点，下行方向拥堵首先于番禺广场、市桥、大石发生，随着列车满载率不断增加拥堵逐渐传递到客村、珠江新城、体育西路；同时下行方向客流也主要于客村、珠江新城、体育西路换乘或出站，进一步加大了这 3 个车站的拥堵状况。

进一步，还可以对车站内部主要部分客流拥堵的分布进行分析研究。例如，体育西路作为一号线、三号线与三北线交汇的换乘车站，拥堵状况严重，其车站结构较为复杂，如图 5-20 所示。

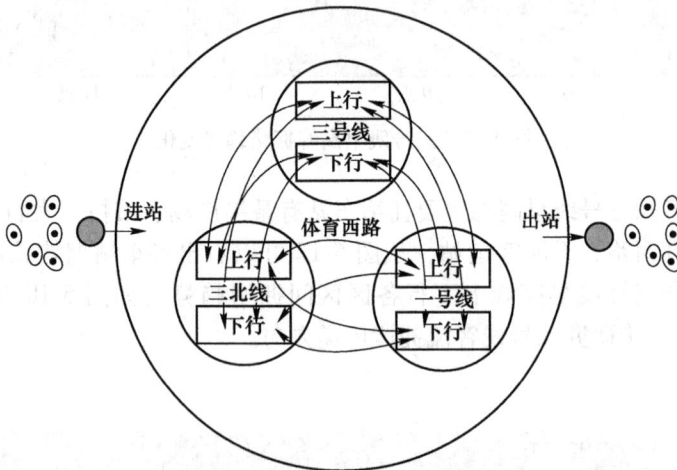

图 5-20　体育西路车站逻辑结构

对体育西路而言，其车站拥堵主要由 3 条线路共同作用导致，为更深刻地考察该站不同关键位置的拥堵情况，给出了体育西路各站台及各换乘方向客流拥堵级别，如图 5-21 所示。

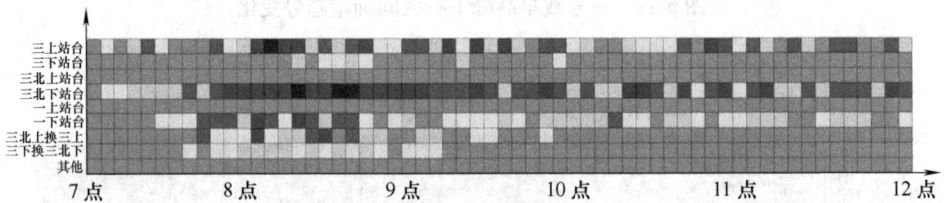

图 5-21　体育西路车站各部位拥堵级别

由图可知，体育西路早高峰较为拥挤的站台主要为三号线上行站台、三北线下行站台、一号线下行站台，同时在高峰时期三北线上行站台换乘到三号线上行站台以及三号线下行站台换乘到三北线下行站台的客流较大。

第六章　突发事件下路网客流分布规律

城市轨道交通突发事件种类多样、因素繁多、受影响情况也各有不同，本书选取设备故障类突发事件进行分析研究。设备故障类的突发事件与其他类型的突发事件相比在应急措施方面相对比较复杂。跳轨、火灾、地震等类型的突发事件，由于导致事件的原因明确，目前我国已经有相对比较成熟和完善的应急管理方案，因此应急措施实施目的明确，有一定的针对性，从而影响时间会相对减少。

设备故障包括车辆故障、信号故障、其他服务设备故障等。故障发生后，工作人员首先要进行故障排查。由于导致故障的原因多样，排查有一定的时间需求，因此恢复正常也需要一定的时间。本书选择设备故障类突发事件进行分析，目的是为了较好地在合理的时间范围内找到路网客流分布特点，挖掘出突发事件下乘客路径选择特征，为后续路网及车站的客流控制研究提供较为准确的客流数据。

城市轨道交通系统中，乘客的路径选择行为决定了路网客流的分布情况。目前我国城市轨道交通系统基本上采用自动售票系统（automatic fare collection，AFC）完成乘客进出站自助过程。这些海量的数据信息包含了乘客从进站到出站的时间和地点记录，但是在系统内的走行过程是未知的，尤其是突发条件下存在很大的随机扰动不确定性。

本书基于 AFC 突发数据，通过分析乘客出行的时空位移变化过程，以及在列车时刻表和走行时间统计的基础上，计算乘客的整个出行路径，实现对突发条件下城市轨道交通客流的精确分配。

第一节　突发事件下乘客路径决策特点

乘客路径决策过程属于一种主观选择行为，突发条件下的选择行为由于受客观环境的影响变得更为复杂而且较难以形成统一的规律。

正常情况下乘客路径选择通常会考虑时间、换乘、舒适度等综合因素，但是在突发事件发生后，受影响范围内的乘客对选择因素的重要度有所改变，更多地考虑的是时间或者是能不能出站换乘其他的交通工具到达目的地。

根据突发事件的定义，目前北京城市轨道交通由于突发事件导致的延误时间可分为 5min 及以下、0~10min、10~15min、15~20min、20~25min、25~30min 和 30min 以上。

　　突发事件下乘客路径的更改，是否选择出站，客流控制措施都对突发事件下客流的分布产生影响。对于管理者来说，导致延误 5~10min 的突发事件实施应急处置措施更为复杂。尤其是早高峰时段的突发事件，行车组织还需要考虑双向调整，如果仅上行或下行方向停运，对路网影响更大。同类同程度的突发事件，直线和环线的受影响程度和组织策略也有所不同。

　　由于突发事件下乘客路径选择无法实时获取，为了更好地刻画突发事件下乘客路径选择行为特点，以及较为清晰地描述乘客等待时间，本书采用了问卷调查的形式采集相关信息数据。

　　为了充分考虑复杂突发事件发生时乘客选择的多样性，该问卷以突发事件乘客路径选择和等待时间为主导，结合乘客出行群体类型设计而成。问卷内容主要包括四部分。第一部分是个人基本信息，主要包括乘客的性别、年龄、职业和收入水平等。第二部分是出行信息，主要包括出行目的、对所在城市地铁线路的熟悉程度。根据这两部分信息调查，可以进行合理的乘客出行类型划分（如按"年龄"或"出行目的"等）。第三部分是突发事件下出行选择信息的调查。时间分为平峰和高峰两个时段，突发事件造成的影响包括：晚点 30min 以上、列车减速缓行和某些车站封站。乘客面对不同的突发事件，如何选择自己的出行路径以及对出行因素重要度的考虑。第四部分是突发事件等待时间信息，早高峰时段，乘客对于不同延误时间的突发事件所能承受的等待时间。

　　为了使调查问卷更加合理完善科学，在完成初步的问卷设计编写之后，邀请了 20 名不同职业、年龄、出行目的的人对调查问卷进行试答，然后根据试答者的意见修改并完善问卷调查表。问卷调查通过网络和人员面访两种途径进行调研。突发事件场景为假设条件，乘客需根据自己的真实感受对问卷各项测量问题进行选择。

一、问卷统计分析

　　本次调研发放问卷 500 份，收到有效问卷 437 份，有效问卷率为 87.4%。调查地点分别在北京地铁西直门站、北京西站、永安里站、国贸站以及通过网络渠道完成，网络问卷调查，限制为开通并运行的地铁城市区域。问卷的统计信息见表 6-1。

　　根据调查结果显示，调查对象男女比例基本相同，女性稍多；从年龄划分来看，18~45 岁是主要的乘客群体，共占 88.1%；从月均收入看，收入为 3000~7000 元的乘客为主要乘客群体；职业类型以企事业人员居多，共占 52.1%。乘客出行信息统计见表 6-2。

表6-1 问卷调查基本信息统计

属性	分类	频数	百分比/%	属性	分类	频数	百分比/%
性别	男	206	47.14	年龄	18岁以下	10	2.29
	女	231	52.86		18~30岁	193	44.16
职业	企事业人员	228	52.17		31~45岁	192	43.94
	公务员	34	7.78		45~60岁	35	8.01
	自由职业者	65	14.87		60岁以上	7	1.6
	学生	67	15.33	月均收入	3000元以下	93	21.2
	离退休人员	8	1.83		3000~5000元	105	24.03
	其他	35	8.01		5000~7000元	116	26.54
					9000元以上	58	13.27

表6-2 乘客出行信息统计

属性	分类	频数	百分比/%	属性	分类	频数	百分比/%
出行目的	上班/上学	234	53.67	对所在城市地铁线路熟悉程度	非常熟悉	137	31.35
	公务	44	10.09		一般熟悉	237	54.23
	购物	53	12.16		不太熟悉	45	10.3
	探亲访友	36	8.26		很不熟悉	18	4.12
	回家	29	6.65				
	其他	40	9.17				

乘客出行信息统计显示，从出行目的看，上班和上学的乘客为主要的出行群体；54.23%的出行群体对所在城市地铁线路熟悉程度一般。乘客出行群体对地铁线路的熟悉程度也会影响突发事件下乘客的路径决策。

问卷假设了四类突发事件场景和条件，对乘客选择行为进行了统计。由于此类为多选题，选项百分比=该选项被选择次数/有效答卷分数，含义为选择该选项的人次在所有填写人数中所占的比例，因此多选题百分比相加可能超过100%。具体见表6-3。

表6-3 不同突发场景乘客选择行为 （%）

乘客选择行为	场景			
	平峰晚点30分钟以上	早高峰晚点30分钟以上	早高峰运缓	早高峰封站
按原定线路出行	32.5	25.23	73.45	36.82
改变其他线路到达目的地	63.86	60.45	33.5	51.14
出站	55.23	58.64	21.18	45.91
其他	1.59	1.82	1.59	2.05

据调查显示，在平峰和早高峰时段，当突发事件造成 30min 以上晚点，分别有 63.93% 和 60.73% 的乘客会选择改变其他线路到达目的地。这说明了当突发事件影响时间较长时，大部分乘客会选择不等待，改变方式转移到达目的地。当突发事件导致列车运行缓慢时，大部分乘客选择继续乘坐本列车按原定线路到达目的地。从调查结果中，选择"其他"行为方式主要包括乘地铁提供的应急短驳车、听从车站管理安排和据情而论等。这也从侧面反映了乘客在面对突发事件时选择行为有较强的不确定性。

根据问卷调查结果显示，50.57% 的乘客认为在突发条件下，各出行影响因素（时间、换乘、走行距离和拥挤度）中时间是最为重要的，但是乘客对各因素重要度的选择会受出行原因的影响。当乘客出行目的为不具有较强时间刚性需求的购物、访亲探友时，时间的重要度会有所降低。在调查结果中，仍然有 21.53% 的乘客认为走行距离非常重要，这是因为出行乘客的年龄严重影响其出行选择。例如年龄在 45~60 岁的出行群体，会认为走行距离的重要度高于其他因素。具体调查结果如图 6-1 所示。

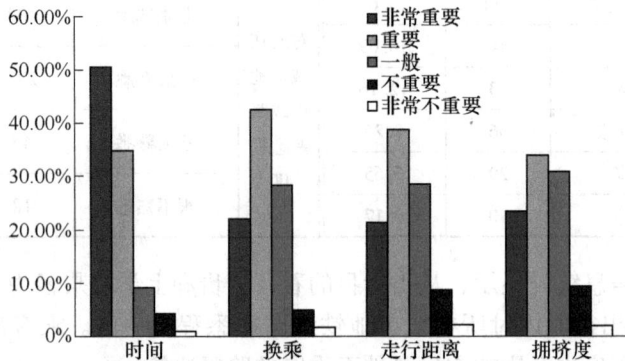

图 6-1　出行影响因素重要度比重

二、突发事件高峰时段乘客等待时间梯度函数

（一）突发事件乘客等待时间问卷信度检验

信度指调查测试统计结果的稳定性和可靠性，用于研究定量数据的回答可靠准确性。本书采用克朗巴哈（Crobach）系数 α 来检验突发事件乘客等待时间问卷的信度。一般来说，α 系数的值高于 0.8，说明信度高；如果介于 0.7~0.8 之间，说明信度较好；介于 0.6~0.7 之间，说明信度可接受；如果小于 0.6，说明信度不佳。此外，如果 CITC 值低于 0.3，可考虑将该项进行删除。运用 SPSS 软件进行分析，使用 Alpha 模型得到各因素数据的 Crobach's alpha 值，见表 6-4。

表6-4　问卷信度分析检验表

测量因素	校正项总计相关性 （CITC）	项已删除的 α 系数	α 系数
延误 0~10min	0.413	0.873	
延误 10~15min	0.459	0.869	
延误 15~20min	0.724	0.832	0.861
延误 20~25min	0.827	0.803	
延误 25~30min	0.850	0.797	
延误 30min 以上	0.794	0.821	

从表6-4可知，α 系数值为 0.861，大于 0.8，说明研究数据信度水平高。"项已删除的 α 系数"，指分析项被删除后的信度系数值并没有明显的提升，说明题项全部均应该保留，进一步说明研究数据的信度质量高。综上，测量数据结构稳定可靠。

（二）突发事件乘客等待时间问卷效度检验

效度即有效性，指测量工具或手段能够准确测出所需测量事物的程度。效度研究用于分析研究项是否合理、有意义。此处的效度是指此部分测量量表能够真正测到乘客在突发事件条件下对时间的忍受程度。本书使用因子分析方法进行研究，分布通过 KMO 值、共同度、方差解释率值、因子载荷系数值等指标进行综合分析，以验证数据的效度水平。其中 KMO 值用于判断是否有效，如果值高于 0.8，说明效度高；介于 0.7~0.8 之间，说明效度较好；介于 0.6~0.7，说明效度可接受；小于 0.6，说明效度不佳。问卷效度分析检验表见表6-5。

表6-5　问卷效度分析检验表

类　　型	因子载荷系数		共同度
	因子 1	因子 2	
延误 0~10min	0.144	0.809	0.675
延误 10~15min	0.186	0.842	0.743
延误 15~20min	0.614	0.588	0.723
延误 20~25min	0.888	0.246	0.849
延误 25~30min	0.927	0.2000	0.899
延误 30min 以上	0.918	0.151	0.866
特征根值（旋转前）	3.675	1.082	—
方差解释率（旋转前）/%	61.247	18.028	—

类　　型	因子载荷系数		共同度
	因子 1	因子 2	
累积方差解释率（旋转前）/%	61.247	79.275	—
特征根值（旋转后）	2.925	1.832	—
方差解释率（旋转后）/%	48.742	30.533	—
累积方差解释率（旋转后）/%	48.742	79.275	—
KMO 值	0.824		—
巴特球形值	758.541		—
df	15		—
ρ 值	0.000		—

从表 6-5 中可得，KMO 检验值为 0.824，大于 0.8，说明数据具有较好的效度。此外，2 个因子的方差解释率分别为 48.742% 和 30.533%，旋转后累积方差解释率为 79.275%，大于 50%，说明研究项的信息量可以有效提取，适合做因子分析。

由于延误时间的不同程度，乘客路径决策行为也会随之变化，可能是时变的过程。在调查问卷中，将突发事件可能延误的时间分成 6 个阶段，分别为 0～10min、10～15min、15～20min、20～25min、25～30min 和 30min 以上。各阶段乘客等待时间统计结果及其分布拟合如图 6-2～图 6-7 所示。

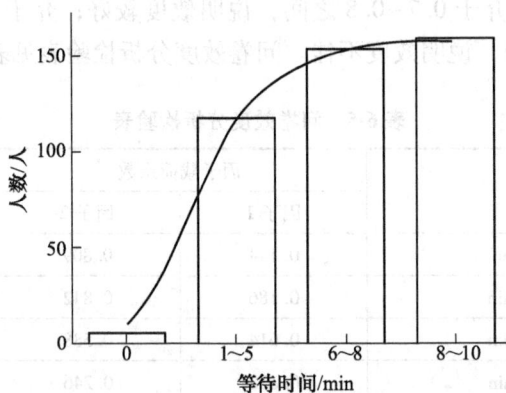

图 6-2　延误 0～10min 乘客等待时间分布

当延误时间为 0～10min 时，调查结果显示愿意等待 8～10min 的乘客比率达到 36.61%，将分布拟合后，其分布函数可表示为：

$$f(x) = \frac{abx^{1-c}}{1 + bx^{1-c}} \tag{6-1}$$

式中，参数 a 取值为 160，b 为 0.06482，c 为 -4.32697。

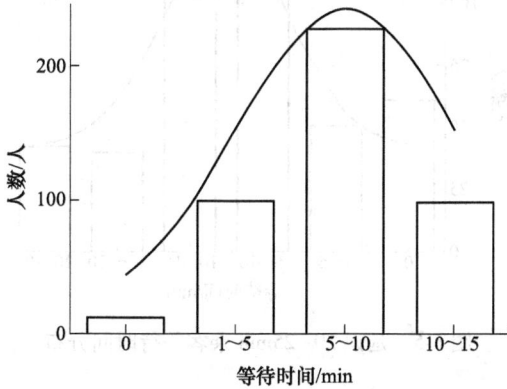

图 6-3　延误 10~15min 乘客等待时间分布

当延误时间为 10~15min 时，调查结果显示 52.29% 的乘客选择等待 5~10min，将分布拟合后，其分布函数可表示为：

$$f(x) = x_0 + Ae^{\frac{(x-x_c)^2}{2w^2}} \tag{6-2}$$

式中，参数 x_0 取值为 12，x_c 为 2.98287，A 为 230，w 为 1.1。

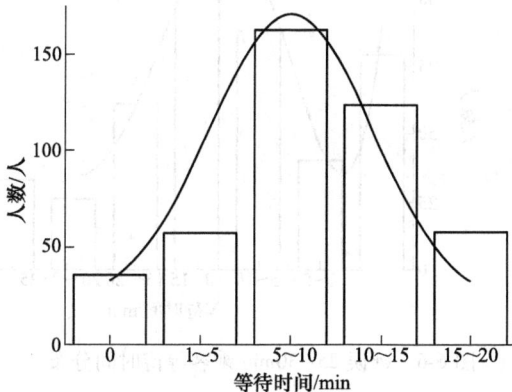

图 6-4　延误 15~20min 乘客等待时间分布

当延误时间为 15~20min 时，调查结果显示愿意等待 5~15min 的乘客达到 65.3%，将分布拟合后，其分布函数可表示为：

$$f(x) = x_0 + Ae^{\frac{(x-x_c)^2}{2w^2}} \tag{6-3}$$

式中，参数 x_0 取值为 20.67298，x_c 为 3，A 为 150，w 为 0.89。

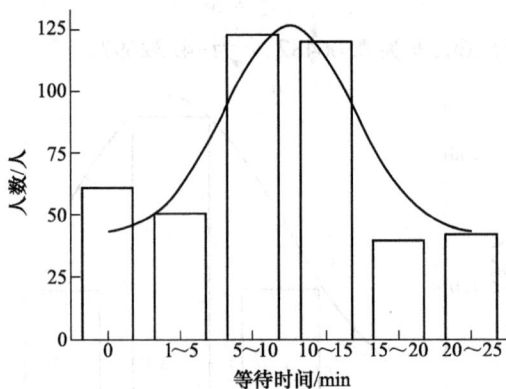

图 6-5　延误 20~25min 乘客等待时间分布

当延误时间为 20~25min 时，调查结果显示愿意等待 5~15min 的乘客达到 55.61%，将分布拟合后，其分布函数可表示为：

$$f(x) = x_0 + \frac{A}{w\sqrt{\pi/2}} e^{-2\frac{(x-x_c)^2}{w^2}} \tag{6-4}$$

式中，参数 x_0 取值为 41.84291，x_c 为 3.5，A 为 186，w 为 1.75。

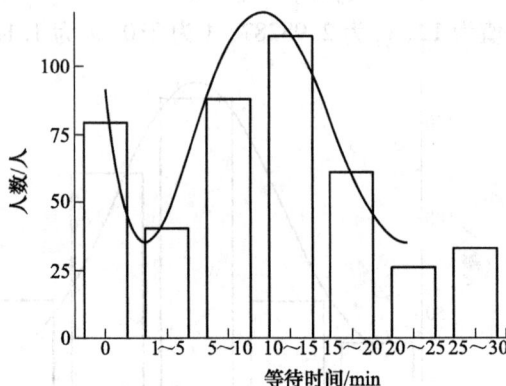

图 6-6　延误 25~30min 乘客等待时间分布

当延误时间为 25~30min 时，调查结果显示愿意等待 5~15min 的乘客达到 45.43%，将分布拟合后，其分布函数可表示为：

$$f(x) = x_0 + A\left[1 + \left(\frac{w_2+w_3-2}{w_2-1}\right)\left(\frac{x-x_c}{w_1}\right)\right]^{w_2-1}\left[1 - \left(\frac{w_2+w_3-2}{w_3-1}\right)\left(\frac{x-x_c}{w_1}\right)\right]^{w_3-1} \tag{6-5}$$

式中，参数 x_0 取值为 35，x_c 为 3.54018，A 为 85，w_1 为 4.3，w_2 为 3，w_3 为 3.5。

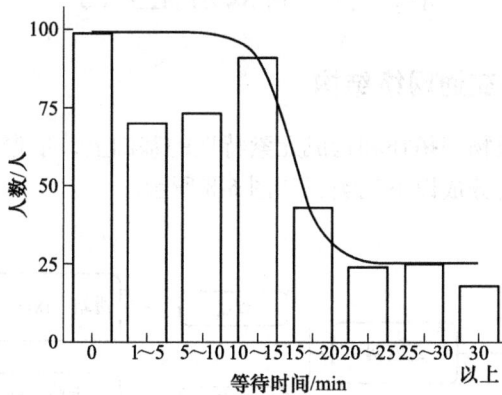

图 6-7　延误 30min 以上乘客等待时间分布

当延误时间为 30min 以上时，调查结果显示随着等待时间的增长乘客人数呈递减趋势，将分布拟合后，其分布函数可表示为：

$$f(x) = \frac{A_1 - A_2}{1 + e^{(x-x_0)dx}} + A_2 \tag{6-6}$$

式中，参数 x_0 取值为 4.6，dx 为 0.29，A_1 为 99.14113，A_2 为 25.35362。

依据每个阶段的延误时间程度，将乘客可能忍受的等待时间选项以 5min 为时间粒度进行划分。在调查数据信效度可靠的基础上，选取比重最高的选项为乘客的平均等待时间。依据调查数据，在图 6-2~图 6-7 的分布拟合基础上，定义在 $[0, 30]$ 上的数值函数 $f(x)$ 是阶梯函数，根据拟合结果其表达式如下：

$$f(x) = \begin{cases} \dfrac{10.3712x^{5.32697}}{1 + 0.06482x^{5.32697}}, & 0 \leq x < 10 \\[2mm] 12 + 230e^{\frac{(x-2.98287)^2}{2.42}}, & 10 \leq x < 15 \\[2mm] 20.67298 + 150e^{\frac{(x-3)^2}{1.5842}}, & 15 \leq x < 20 \\[2mm] 41.84291 + \dfrac{186}{1.75\sqrt{\pi/2}}e^{-2\frac{(x-3.5)^2}{3.0625}}, & 20 \leq x < 25 \\[2mm] 35 + 85\left[1 + 2.25\left(\dfrac{x-3.54018}{4.3}\right)\right]^2\left[1 - 1.8\left(\dfrac{x-3.54018}{4.3}\right)\right]^{2.5}, & 25 \leq x < 30 \\[2mm] 25.35364 + \dfrac{73.78749}{1 + e^{0.29(x-4.6)}}, & x \geq 30 \text{以上} \end{cases} \tag{6-7}$$

第二节　有效路径重构

一、城市轨道交通网络结构

在城市轨道交通物理拓扑和构成元素特性的基础上，依据本书的研究内容可将城市轨道交通网络分成以下三类，如图 6-8 所示。

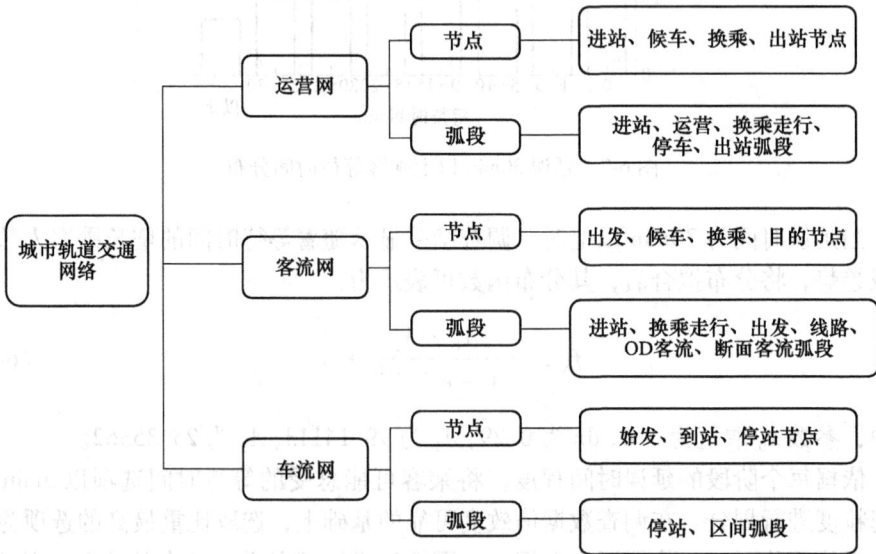

图 6-8　城市轨道交通网络结构

在城市轨道交通系统中，动态元素主要包括乘客、列车和其他运输服务设备，这些元素相互影响作用构成了城市轨道交通复杂系统。从系统结构要素和服务对象，可将城市轨道交通网络分为三大类子网：运营网、客流网和车流网。从城市轨道交通物理结构角度可将城市轨道交通拓扑结构分为节点和弧段两部分，节点主要指车站。从乘客整个出行过程出发，节点和弧段在三大子网中又可以细化为各类子节点。

在运营子网中，一个简单的城市轨道交通路网有向图如图 6-9 所示。该网络由两条线路及其相交的一个换乘站组成，线路分为上下行，车站为节点，节点与节点之间为弧段，不同类型的弧段权重为相应的时间。网络中的换乘站比较特殊，涉及乘客的换乘走行过程。在两条线路相交的换乘站会产生 8 个方向的换乘客流方向。为了更为直观地显示换乘客流方向，将换乘车站 $s_3^l/s_3^{l'}$ 等价为 4 个虚拟车站 $s_{3,a}^{l,l'}$、$s_{3,b}^{l,l'}$、$s_{3,c}^{l,l'}$ 和 $s_{3,d}^{l,l'}$。各车站之间的弧段权重为列车运行时间，停车弧段权重为停车时间，虚拟车站之间的弧段权重为该换乘车站不同路径的换乘时间。

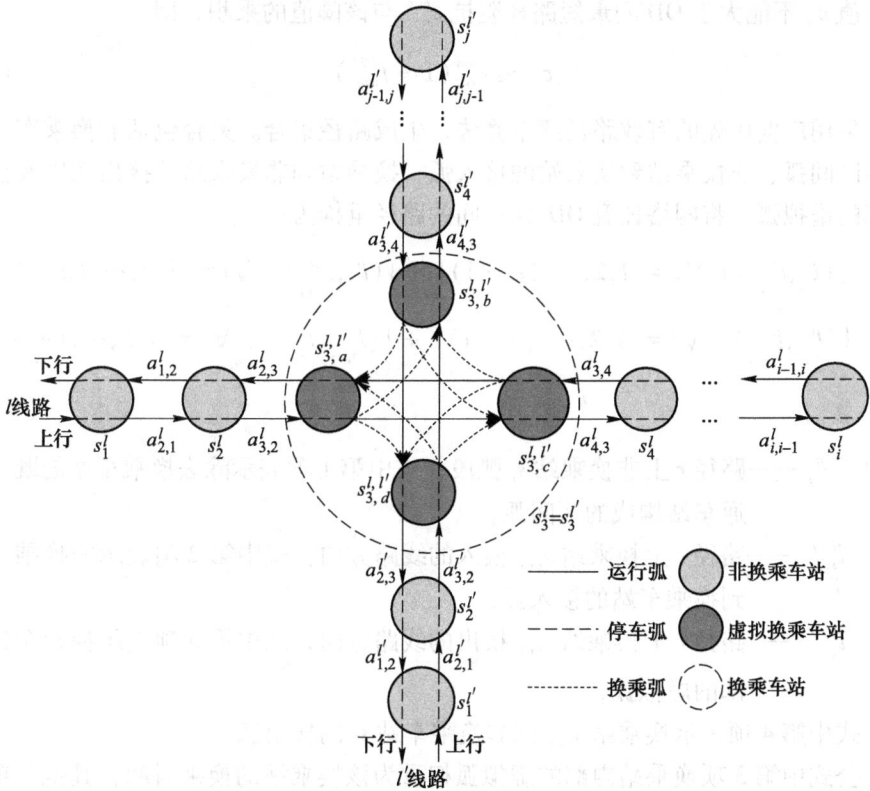

图 6-9　城市轨道交通运营网络拓扑示意图

二、有效路径筛选

有效路径的广义定义：从路段的起始节点走到终止节点后，终止节点离起始节点更远，同时离目的节点更近[126]。根据有效路径的定义，依据城市轨道交通乘客选择行为特点，判断城市轨道交通任意 OD 对 (r, s) 间的有效路径，通常依据相对和绝对原则。

（1）绝对原则。乘客在选择路径时会根据不同路径之间的时间费用之差来决定。绝对原则即存在一个绝对阈值 $f_{\max}^{(1)}$，任意 OD 对间有效路径的时间费用 c_{rs} 小于等于 OD 对间最短路径时间费用 $c_{rs}^{\min}$ 与绝对阈值 $f_{\max}^{(1)}$ 的和[103]，表达为：

$$c_{rs} \leqslant c_{rs}^{\min} + f_{\max}^{(1)} \tag{6-8}$$

（2）相对原则。乘客依据各路径费用的差别来决定自己的选择行为，路径的阻抗和最短路径的阻抗有一定的约束，两者之间的差值不超过一个绝对阈值。

黄海军等人[127]的研究表明，当某路径的阻抗值与最短路径的比值超过一定限度时，该路径会被丢弃。即存在一个相对阈值 $f_{max}^{(2)}$，使得 OD 对间任意有效路径的阻抗值 c_{rs} 不能大于 OD 间最短路径阻抗 c_{rs}^{min} 与该阈值的乘积，即

$$c_{rs} \leqslant c_{rs}^{min}(1 + f_{max}^{(2)}) \tag{6-9}$$

采用广度优先的有效路径搜索算法，生成路径集合。集合包括非换乘车站之间的区间弧、非换乘站到换乘站的接入弧、换乘站到非换乘站的接出弧以及换乘内部的虚拟弧。将网络任意 OD 对 rs 间的路径重构为：

$$R^{rs} = \{(l_{s_i}^r, l_{s_{i+1}}^r) \mid \forall i = 1,2,\cdots,(n-1)\} + \{(l_{s_i}^r, l_{s_{i+1}}^{i,r}) \mid \forall i = 1,2,\cdots,(n-1)\} +$$

$$\{(l_{s_i}^{i,r}, l_{s_{i+1}}^{o,r}) \mid \forall i = 1,2,\cdots,(n-1)\} + \{(l_{s_{i+1}}^{o,r}, l_{s_{i+1}}^r) \mid \forall i = 1,2,\cdots,(n-1)\}$$

$$\tag{6-10}$$

式中　　$l_{s_i}^r$——路径 r 上非换乘站 s_i 弧段，式中第 1 项表示除去换乘车站的既有普通车站构成的区间弧；

$l_{s_{i+1}}^{i,r}$——路径 r 上换乘站 s_{i+1} 换入的线路方向，式中第 2 项表示非换乘车站到换乘车站的接入弧；

$l_{s_{i+1}}^{o,r}$——路径 r 上换乘站 s_{i+1} 换出的线路方向，式中第 3 项表示换乘车站内部的虚拟弧；

式中第 4 项表示换乘站 s_{i+1} 到非换乘车站 s_i 的接出弧。

公式中第 3 项换乘站内部的虚拟弧权重为该换乘站的换乘时间，其他 3 项的权重为相应车站区间的运行时间。

第三节　突发事件下乘客出行路径分析

城市轨道交通和道路交通相比具有相对较强的可控性，但是城市轨道交通网络内乘客选择走行的路径却是一个黑箱操作。尤其是在突发条件下，乘客的路径选择随机性增强，常态的模型和方法都有一定的局限性。本节通过分析突发事件下乘客路径决策特点，构建突发条件下路径效用函数和路径决策模型，基于 AFC 刷卡数据得到突发条件下 OD 间有效路径的选择概率，即用概率分布模拟路径选择偏好，实现对突发条件下城市轨道交通客流的精确分配。

一、模型假设

（1）突发事件研究背景为早高峰时段设备故障，列车改为降级运行，导致部分列车晚点，没有引起中断。

（2）在突发条件下，路网乘客到达车站的规律为已知条件，假设乘客到达车站过程服从泊松分布，由于车站和突发事件类型及影响程度的不同，泊松分布也存在差异性。

（3）假设乘客到达站台的时刻与列车到站时刻是相互独立的，且服从均匀分布。

（4）行车计划和客流分布存在交互关系，突发事件发生后，行车计划会有所变更。假设突发事件发生后行车计划能随时获取，在客流计算过程中行车数据为已知条件。

（5）假设突发事件影响时间较小，乘客路径选择行为不考虑方式转移和起讫点的重置。

（6）在数据验证模型适用性过程中，突发客流数据很难统一匹配场景，只能是近似场景样本数据。

（7）由于乘客类型的不同，突发事件的影响，乘客在车站走行时间也会有所差别。假设路网车站乘客所有走行时间（包括进出站走行时间、换乘站走行时间）均为固定值，且这部分数据均为调研获取。

二、突发事件下路径效用函数的建立

城市轨道交通路径决策行为影响因素众多，可将这些影响因素抽象为阻抗函数，用于描述乘客路径选择行为特点。在常态情况下，影响乘客路径选择的因素包括时间、换乘、拥挤度或舒适度等。但在突发事件发生后，换乘、拥挤度的影响权重会减小，乘客会更多地考虑时间，即能否更快地出站或者到达目的地，而不太在乎换乘次数多少和是否拥挤。

为了描述乘客选择路径的偏好，我们通常用阻抗描述各有效路径的费用。本书中定义的阻抗分为静态和动态两种。静态阻抗指通过调查或在既有数据基础上计算出的固定参数取值，例如列车区间运行时间、停站时间、换乘走行时间、列车额定载客量等；动态阻抗是指其计算跟动态客流状况相关，在精度和计算效率上需要对两种阻抗做权衡，已达到期望的计算精度。

（1）乘客理论出行旅行时间

$$t = t_e - t_o \tag{6-11}$$

乘客在地铁一次出行总时间 t 等于进站时间 t_e 与出站时间 t_o 之差。乘客进站到出站理论旅行时间为：

$$t' = et_{o,d} + t_{w,o,d} + t_{t,o,d} + t_{s,o,d} + t_{ts,o,d} + ot_{o,d} \tag{6-12}$$

式中　$et_{o,d}$——进站走行时间；

$t_{w,o,d}$——整个出行的候车时间；

$t_{t,o,d}$——整个出行的列车运行时间；

$t_{s,o,d}$——列车停站时间；

$t_{ts,o,d}$——换乘时间；

$ot_{o,d}$——出站走行时间。

（2）候车时间。乘客到达站台，由于站台人数密集，无法搭乘期望时间的列车而产生的候车费用。当列车发车间隔小，即发车频率高时，相对来说候车时间短；反之则长。

正常情况下，乘客的平均候车时间为列车发车时间间隔的一半，可表示为：

$$t_{w,o,d} = I^{line}/2 \tag{6-13}$$

式中 $t_{w,o,d}$——起始路段的平均候车时间；

I^{line}——车站所属线路的发车间隔。

不同等级类型及影响程度的突发事件，行车处理方式也是不同的。依据本书研究的突发事件场景，突发事件发生后，改为降级模式行车，因此列车的行车间隔变大。加上有些车站客流量激增，导致乘客候车时间增加明显。因此候车时间可假设为不超过 4 个时间间隔，表示为：

$$t_{w,o,d} \leqslant 3I^{line} + I^{line}/2 = \frac{7}{2}I^{line} \tag{6-14}$$

突发条件下，在任何 od 路径上，乘客从出发车站进站后在该站台候车到离开该车站的等待时间不超过 4 辆车的开行时间间隔；换乘站乘客到达换乘站站台候车到离开该车站的等待时间也是不超过 4 辆车的开行时间间隔。

（3）拥挤程度。车厢的拥挤程度也会影响乘客的路径选择行为。车厢的拥挤程度与当前车厢的乘客数量、列车的额定座位数和列车所能容纳的最大乘客数量有关[128]。

拥挤程度阻抗函数可表达如下：

$$Y_c(x_i(t)) = \begin{cases} \dfrac{x_i(t) - s_i}{s_i}\partial, & s_i < x_i(t) < p_i \\[3mm] \dfrac{x_i(t) - s_i}{s_i}\partial + \dfrac{x_i(t) - p_i}{p_i}\beta, & x_i(t) > p_i \end{cases} \tag{6-15}$$

式中 $x_i(t)$，s_i，p_i——分别为 t 时段区间 i 的断面客流量、列车的座位数和列车所能容纳的最大乘客数量；

∂，β——矫正参数。

（4）乘客换乘时间。理论上城市轨道交通乘客换乘时间可表达为：

$$t'_{ts,o,d} = \sum (ft_{ts,o,d} + wt_{ts,o,d}) \tag{6-16}$$

式中 $ft_{ts,o,d}$——乘客换乘平均走行时间；

$wt_{ts,o,d}$——乘客换乘等待时间。

由于突发条件下，受影响车站换乘通道的拥挤程度会增加，因此乘客换乘走行时间也会依据车站拥挤程度的不同而有所增加。

不论是常态情况下还是突发条件下，换乘次数的增加影响了乘客乘车的体验。尤其是突发条件下，各大换乘站是连接线路客流运输的枢纽，原本需要换乘的乘客加上后期改变出行路径的换乘乘客会降低换乘站的服务水平，包括站厅、站台、换乘通道的服务水平。因此在换乘时间上加上换乘惩罚系数，用于描述乘客对换乘感知心理程度，随着换乘次数的增加而增大。

$$t_{\text{ts,o,d}} = (n_{\text{ts,o,d}}^r)^\sigma t'_{\text{ts,o,d}} \qquad (6\text{-}17)$$

式中　$n_{\text{ts,o,d}}^r$——od 对间第 r 条路径上的换乘累积次数；

　　　σ——换乘累积次数的修正指数。

（5）突发事件下乘客等待时间。乘客在突发和常态下出行很大的区别在于等待时间费用的增加，乘客理论走行过程中总的等待时间受所能忍受时间的约束。

$$t_{\text{ww,o,d}} = \sum (t_{\text{w,o,d}} + t_{\text{wi,o,d}} + t_{\text{wo,o,d}}) \leqslant f(x) \qquad (6\text{-}18)$$

式中　$t_{\text{wi,o,d}}$——站厅的等待时间；

　　　$t_{\text{wo,o,d}}$——站外的等待时间；

　　　$f(x)$——构建的突发事件下乘客所能忍受的等待时间阶梯函数。

乘客走行过程中的等待时间包括 3 部分，分别是候车等待时间、站厅排队等待时间和站外排队等待时间。突发条件下，有些车站可能会实施相应的客流控制措施，实施的地点也包括站内和站外。由于客流控制措施的影响，也会不同程度地增加乘客的等待时间。如果该车站未实施限流，并未形成排队，导致乘客步行速度为 0，$t_{\text{wi,o,d}}$ 和 $t_{\text{wo,o,d}}$ 取值为 0。

突发事件下，乘客对时间期望值是一个突变的过程，在任一个等待阶段因为对路况和时间感知的差异性决定乘客改变走行决策。

三、突发事件下乘客出行路径决策模型

乘客路径选择广义费用影响因素很多，比如时间、拥挤程度、票价、换乘等。自 2014 年 12 月 28 日北京实行分段计价，在无缝换乘条件下，乘客出行如果确定 OD，那么根据里程计算票价也是固定的。在突发条件下，可以将进站或已经处在地铁网络中的乘客分成两类。一类是 OD 不变，由于路径中断拥堵等原因改变走行换乘路径，票价也是不变的；另一类乘客由于对时间期望值改变，变更原来的目的地，由于 D 的改变票价也可能会有所改变，这部分临时出站的乘客在本书不考虑。

突发事件场景下，为了降低路网运营风险和保证乘客安全，会在有些车站实

施限流措施。不论是站外和站内的限流措施，乘客的等待时间明显增加，从而乘客整个出行时间增加。当乘客预计整个出行时间大于自己的期望出行时间时，乘客会选择变更路径，影响整个路网客流的分布。

乘客在出行过程中往往不能准确把握各路径的阻抗值，尤其是突发情况下，有很多不确定因素和干扰因素，因此综合效用函数包含了一定的随机性。由于突发事件发生后，受影响乘客出行时间有一定的需求，从而出行选择行为受期望到达时间约束。综合效用函数包括两部分内容，分别是期望效用函数和随机误差项，综合效用函数可表达为：

$$U_w^{rs} = V_w^{rs} + \varepsilon_w^{rs} \tag{6-19}$$

式中　　V_w^{rs} —— rs 间第 w 条有效路径的期望效用值；

　　　　ε_w^{rs} ——随机项，且 $E[\varepsilon_{p,w}^{rs}] = 0$。

期望效用函数 V_w^{rs} 表达如下：

$$V_w^{rs} = \theta_1 \Big[\sum_{i=1}^{n-1} vc_{s_i,s_{i+1}} (1 + \gamma_{s_i,s_{i+1}}^r) + \sum_{i=1}^{n-1} vc_{s_i,s_{i+1}^{i,r}} (1 + \gamma_{s_i,s_{i+1}}^{i,r}) +$$

$$\sum_{i=1}^{n-1} vc_{s_i^{o,r},s_{i+1}} (1 + \gamma_{s_i,s_{i+1}}^{o,r}) + wc^r \Big] + \theta_2 \sum_{i=1}^{n-1} c_{s_i^{i,r},s_i^{o,r}} \tag{6-20}$$

式中　　　　　　　　参数 θ_1, θ_2 ——乘客对非换乘时间和换乘时间的感知程度；

$c_{s_i,s_{i+1}}$, $c_{s_i,s_{i+1}^{i,r}}$, $c_{s_i^{o,r},s_{i+1}}$, $c_{s_i^{i,r},s_i^{o,r}}$ ——两个车站之间组成区间的列车运行时间；

　　$\gamma_{s_i,s_{i+1}}^r$, $\gamma_{s_i,s_{i+1}}^{i,r}$, $\gamma_{s_i,s_{i+1}}^{o,r}$ ——相邻车站区间上的拥挤程度；

　　　　　　　　wc^r —— od 对路径 r 的平均进出站时间；

　　　　　　　　s_i ——第 i 个车站；

　　　　　　　　s_{i+1} ——第 $i+1$ 个车站；

　　　　　　　　$s_{i+1}^{i,r}$ ——路径 r 上的某一换乘车站 $i+1$ 换入的线路方向；

　　　　　　　　$s_i^{o,r}$ ——路径 r 上的某一换乘车站 i 换出的线路方向。

当效用函数中的随机项 ε 相互独立且服从 Gumbel 分布（即极值分布）时，其概率密度函数为 $f(x) = \theta e^{-x} \exp(-\theta e^{-x})$，累积分布函数为 $F(x) = \exp(-\theta e^{-x})$，其中 $\theta > 0$，$-\infty < x < +\infty$。通过数学推导可得到 MNL（Multinomial Logit）模型。MNL 模型又分为 Logit 模型和 Probit 模型。相比而言，Probit 模型较为复杂，而且在多路径计算条件下，较难推导构建出其解析表达式；Logit 模型适应范围较广，模型物理意义清晰，计算量小，对于全路网多路径的计算较为适用。

对于各路径选择概率分配，乘客 m 选择 od 对 $w \in W$ 之间路径 $r \in R_{od}$ 的概率

分布为:

$$P_{m,w}^{r} = \frac{\exp(V_{m,w}^{r})}{\sum\limits_{r \in R_{od}} \exp(V_{m,w}^{r})} \quad \forall w \in W, r \in R_{od}, m = 1,2,\cdots,M \quad (6-21)$$

$$0 \leqslant P_{m,w}^{r} \leqslant 1$$

$$\sum_{r \in R_{od}} P_{m,w}^{r} = 1$$

在全路网中,有效路径通常数量很大,由于突发事件导致产生的乘客额外等待时间,传统的基本 Logit 模型不能很好地描述乘客感知的有效路径。为了更好地刻画乘客对路径的感知不同生成的路径决策行为,本书采用 Cascetta[119] 和李雪飞[130] 提出的路径感知 Logit (Route Perception Logit, RPL) 来描述额外等待时间对乘客路径决策的影响。

路径感知 Logit 模型是在传统 MNL 模型中增加一个校正项 $\overline{\mu}_k^{rs}$,通过校正项来影响路径 k 被选择的概率。模型表示为:

$$p_{m,w}^{rs} = \frac{\exp\left(v_w^{rs} + \ln\overline{\mu}_w^{rs} - \dfrac{1-\overline{\mu}_w^{rs}}{2\overline{\mu}_w^{rs}}\right)}{\sum\limits_{k \in R_{od}} \exp\left(v_k^{rs} + \ln\overline{\mu}_k^{rs} - \dfrac{1-\overline{\mu}_k^{rs}}{2\overline{\mu}_k^{rs}}\right)} \quad (6-22)$$

式中 V_k^{rs} —— rs 间第 k 条有效路径的期望效用值;

$\overline{\mu}_k^{rs}$ —— 乘客感知 rs 间路径 k 的平均概率,当 $\overline{\mu}_k^{rs} = 0$ 时,表示路径 k 没有被感知;反之当 $\overline{\mu}_k^{rs} = 1$ 时,表示路径 k 全部被乘客感知到。

影响 $\overline{\mu}_k^{rs}$ 的因素很多,可以依据研究背景及内容设定。本书研究背景是突发条件下,$\overline{\mu}_k^{rs}$ 选定的影响因素为路径等待时间费用。

$$\overline{\mu}_k^{rs} = \left[\sum_{w \in R_{od}} \left(\frac{c_{kw}^{rs}}{\sqrt{c_k^{rs} c_w^{rs}}}\right)^{\gamma}\right]^{-\psi} \quad (6-23)$$

式中 c_{kw}^{rs} —— rs 间路径 k 和路径 w 之间公共部分的等待时间费用;

c_k^{rs} —— rs 间路径 k 的等待时间费用;

c_w^{rs} —— rs 间路径 w 的等待时间费用。

本书中的 $\overline{\mu}_k^{rs}$ 在进行模型计算中,根据各路径的等待时间费用进行计算。当乘客进行路径选择时,通过感知其路径的拥挤程度导致额外等待时间的延长,依据自己期望到达时间和所能忍受的最大等待时间从而减小选择此路径的概率。这与模型表达相符。

第四节　突发事件下受影响范围和程度界定方法

由于突发事件类型和发生地点的不同，导致延误影响时间也不同。例如突发事件发生在某个车站或某个区间，在城市轨道交通成网的条件下，由于路网能力的变化，导致正常列车运行秩序的改变。网络具有传播特性，不仅仅始发地及相邻车站、线路出现大客流，非相邻车站或线路也可能出现客流拥堵的非均衡现象。如何界定受影响范围是进行点、线客流控制研究的基础。

突发事件客流传播不同于常态高峰或可预知大客流的传播特点，较难归纳为统一的规律和模型，尤其在多种因素影响的复杂条件下。

一、突发事件下受影响范围影响因素

突发条件下界定受影响区域或范围需主要考虑以下几类因素：

（1）突发事件发生位置。突发事件发生的位置包括发生突发事件的车站、中断区间及所属的线路。描述突发事件发生位置还需要确定发生突发事件的车站和中断区间是否包括换乘车站。换乘站在路网中占有重要地位，是线路与线路之间流量交换的枢纽。因此，需要确定出事的车站、中断区间与换乘站的位置关系，以及与折返站、折返区间的位置及条件。

（2）突发事件发生时间。突发事件发生的时间不同，导致突发事件受影响区域也不同。城市轨道交通运营时段通常分为工作日和周末平峰和高峰（早高峰和晚高峰）。运营时段的不同，由于客流量强度和聚集程度的不同，非正常运营条件下路网列车行车组织方式也不同。客流在区间、线路、路网的分布变化基于列车这一载体。

（3）突发事件传播程度。突发事件传播程度指发生突发事件的区间或中断区间的范围，以及持续的时间。突发事件的区间或中断区间的范围、持续的时间与突发事件的传播程度或波及范围并不是呈绝对的正比关系。

（4）应急措施的影响。突发事件影响范围和客流的分布变化与突发事件发生后实施的应急措施有关。应急措施包括交路运能、折返作业间隔时间、公交应急疏散的能力、限流措施的强度等。

（5）受影响乘客规模。依据受影响标准可判定乘客的受影响类型，通过对这些受影响乘客类型的计算，可量化突发事件后各阶段受影响乘客规模的变化。

二、界定受影响范围和程度分析方法

（一）受影响范围分析

城市轨道交通突发事件发生后，考虑受影响范围情况主要依据客流分布强度。客流在路网上的流动导致分布的改变，主要通过行车这一主要载体。

1. 车流网的构建

将路网中列车的始发车站、终到车站和经停车站定义为网络中的节点，任意两个车站之间列车通行的区间定义为弧段，这就构成了城市轨道交通车流网。由于列车双向通行，城市轨道交通车流网拓扑结构可表示为 $G_v = (V, D)$，其中 V 是车流网中所有列车始发车站、终到车站和经停车站的集合，D 是车流网中有车通行的区间弧段的集合。S 为所有车站集合，ST 为所有换乘站集合，SZ 为路网所有折返站集合。将单位时间内区间的发车数量定义为弧段的权重，这就是车流服务网。突发事件发生后，车流网的结构发生变化，突发事件区间的服务能力减小，如果中断运行则区间的服务能力降为 0，即弧段失效。

2. 界定受影响范围分析方法

范围的界定依据客流为主导，客流依赖列车为载体，形成路网的分布。根据突发事件发生位置、换乘站连接情况以及路网中存车线和折返站的具体位置，从而影响客流的流动变化，确定突发事件受影响范围，包括受影响车站和区间。界定范围主要包括点（车站）、线（线路）和网络 3 部分：

（1）点（车站）受影响情况。突发事件发生的位置或区间属于受影响范围。在突发事件发生的车站或区间的乘客为受突发事件影响的最直接对象，从时间上来说也是最早波及受影响的对象。这部分受影响乘客包括进站乘客和在突发区间列车上的乘客。

当突发事件发生在某个车站时，那么这个车站属于受影响的节点。当突发事件发生在相邻两个车站之间时，受影响范围为：

$$A_{\text{车站}} = U_{i,i+1} + D_{i+1,i} \tag{6-24}$$

式中　$U_{i,i+1}$——车站 i 和 $i+1$ 区间的上行断面客流；

　　　　$D_{i+1,i}$——车站 i 和 $i+1$ 区间的下行断面客流。

（2）线（线路）受影响情况。假设以突发事件发生车站为起始零节点，不考虑正线线路的换乘站和折返站。线路理论上受影响范围包括突发事件发生的区间或车站加上正常线路流入突发区间车站客流形成的区间，如图 6-10 所示。可表达为：

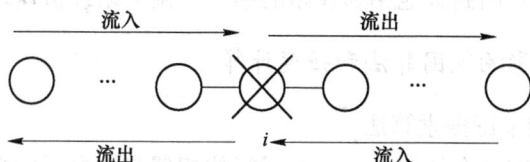

图 6-10　线（线路）受影响情况分析

$$A_{线路} = A_{车站} + \sum_{i=1}^{m} I_{i,突发} + \sum_{i=1}^{m} O_{突发,i} \tag{6-25}$$

式中　　$I_{i,突发}$——正常车站 i 向突发车站流入的客流；

　　　　$O_{突发,i}$——突发车站向正常车站 i 流出的客流。

（3）网络受影响情况。网络是由点和线构成的，成网之后有了换乘站的存在，换乘站为两条线路以上客流交换的场所。依据网络节点流量流入流出原则，界定受影响范围包括突发事件发生的区间或车站加上突发车站向正常车站流入流出的客流量再加上正常线路向突发区间换乘的客流量，如图 6-11 所示。可表示为：

$$A_{网络} = A_{车站} + A_{线路} + T_{正常,突发} \tag{6-26}$$

式中　　$T_{正常,突发}$——正常线路向突发区间换乘的客流量区间。

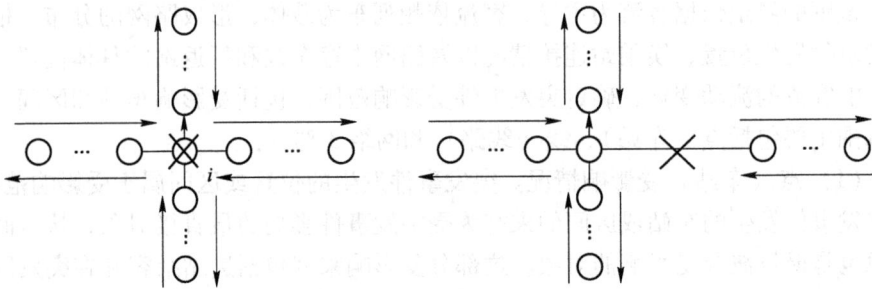

图 6-11　网络受影响情况分析

在受影响范围分析中，只考虑突发事件发生车站或区间所属的线路（本线）受影响是有缺陷的，因为路网节点与节点之间流量流入流出的影响以及节点之间功能耦合性的影响，可能非相邻线也会受影响。城市轨道交通非邻接线指与突发事件发生区间所属线路最临近的平行且不相连的线路。非相邻线路受影响条件判断为：当此条非邻接线有乘客通过换乘站到达中断车站或中断区间邻近的换乘站。假设中断区间发生在两个换乘站之间，除了本线之外，这两个换乘站所属的其他两条线路也受影响，受影响区间为这两个换乘站到所属线路折返站或换乘站的区间；其他相邻线路通过本线离突发车站最近的换乘站换入中断车站的客流，区间为此最近的换乘站到其他相邻线路的第一个换乘站或折返站。

（二）界定受影响范围算法和强度计算

1. 界定受影响范围搜索算法

算法输入：全网各车站节点，有车通行的相邻车站之间的弧段。

算法的目标：除去中断区间，搜索受影响的最大范围。

V^T 为搜索过程中所确定的下一层可能的关键节点集合，则算法的基本思路是：

Step0 初始化，记 $i = 0$，$k = 0$，$j = 1$，$V_i \in S$，$d^{(m)} = \{d_j^{(m)}\}$，$d^{\mathrm{T}} \neq \varnothing$；

Step1 确定初始起点（突发事件发生车站节点 V_0 或区间车站节点（V_0，V_0'））和弧段 d_0；

Step2 若第 k 个节点 $V_k \in S$ 每个有弧段连接的上（下）行方向都已经遍历，则算法结束；否则转入 Step3；

Step3 沿着第 k 个节点 $V_k \in S$ 每个有弧段连接的上（下）行方向搜索下一个节点 $V_{i,j}^{(k)}$；

Step4 对 $V_{i,j}^{(k)}$ 进行如下判断：

（1）若 $V_{i,j}^{(k)} = ST$ 为换乘节点，则记录该路径，转入 Step 3；

（2）若 $V_{i,j}^{(k)} = SZ$ 为折返节点，则记录该路径，转入 Step 3；

（3）若 $V_{i,j}^{(k)}$ 为非换乘节点和非折返节点，即 $V^{\mathrm{T}} = \{S - (ST \cup SZ)\}$，则 $j = j+1$ 返回 Step 3；

（4）若 $V_{i,j}^{(k)}$ 为线路终点节点，则结束该搜索，$i = i+1$，返回 Step 2。

2. 受影响强度分析

受影响区域强度的计算，主要是通过单位时间内车站站内滞留人数来体现。突发条件下，不论突发事件发生在车站还是区间，站内聚集人数往往会随着本线、相邻线和非相邻线受影响而增加。这是因为由于突发事件的发生，不论是运营中断还是降级运行，都会导致区间或线路的服务水平下降。当区间或线路运力受限，远远不能满足客流需求时，就会出现站内乘客滞留及拥堵现象的产生。因此，站内滞留人数的增加是突发条件下描述网络节点（车站）受影响情况的严重程度的最为突出的表现。

根据车站客流人数变化机理，在某一个统计时段内，线路 l 车站 i 内滞留人数 $p_{z,i}$ 的计算可表示为：

$$P_{z,i}(t) = P_{z,i}(t-1) + P_{e,i}(t) - P_{o,i}(t) + P_{i-1,i}^{se}(t) - P_{i,i+1}^{se}(t) + \eta\Big[\sum_{m-1}(x_i^{l',l} - x_i^{l,l'})\Big]$$

$$(6\text{-}27)$$

式中　　$P_{z,i}(t-1)$——车站 i 上一时段站内滞留人数；

$\quad\quad\quad P_{e,i}(t)$——$t$ 时段内车站 i 进站人数；

$\quad\quad\quad P_{o,i}(t)$——$t$ 时段内车站 i 出站人数；

$\quad\quad\quad P_{i-1,i}^{se}(t)$——$t$ 时段内车站 i 与车站 $i-1$ 区间的断面客流量；

$\quad\quad\quad P_{i,i+1}^{se}(t)$——$t$ 时段内车站 i 与车站 $i+1$ 区间的断面客流量；

$\quad\quad\quad \eta$——0，1 变量，若车站 i 为换乘站则取值为 1，否则取值为 0；

m ——车站 i 相连接的线路方向；

$x_i^{l',\,l}$ ——线路 l' 换入线路 l 的换乘客流量；

$x_i^{l,\,l'}$ ——线路 l' 换入线路 l 的换出客流量。

若单位统计时段内受影响区域车站与正常情况下相比变化幅度小于 ±10%，则判定车站受影响微小；变化幅度在 ±（10%~20%），则判定车站影响程度为Ⅲ级；变化幅度在 ±（20%~30%），则判定车站影响程度为Ⅱ级；变化幅度大于 ±30%，则判定车站影响程度为Ⅰ级，如图 6-12 所示。

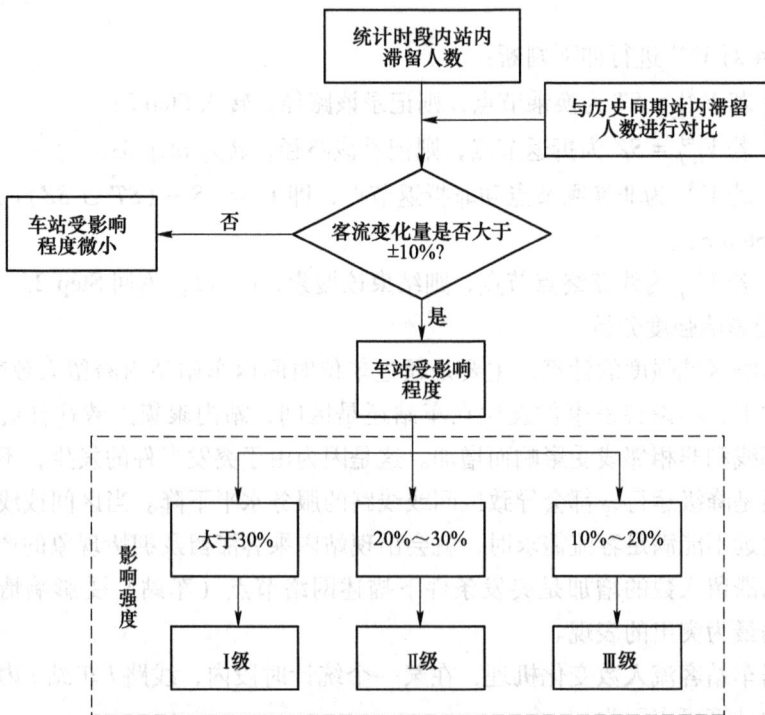

图 6-12　突发事件下车站受影响强度计算

第五节　案 例 分 析

一、路网基础数据

截止到 2017 年 11 月，北京地铁路网规模包括 22 条线路，分别为 1 号线、2 号线、4 号线、5 号线、6 号线、7 号线、8 号线、9 号线、10 号线、13 号线、14 号线、15 号线、16 号线、S1 号线、八通线、昌平线、大兴线、房山线、机场线、西郊线、燕房线和亦庄线。车站共计 345 座（包括换乘站重复计算）。在计算过程中，由于机场线计票方式特殊，因此机场线不在计算范围内。

在计算过程中，对路网所有车站给定唯一 ACC 编码，截取部分见表6-6。

表6-6 北京城市轨道交通路网各线路车站编号

线路编号	车站 ACC 编号	车站名称	是否换乘站	线路编号	车站 ACC 编号	车站名称	是否换乘站
1	150995203	苹果园	否	1	150995224	四惠	是
1	150995204	古城	否	1	150995225	四惠东	是
1	150995205	八角游乐园	否	2	150995457	西直门	是
1	150995206	八宝山	否	2	150995458	车公庄	是
1	150995207	玉泉路	否	2	150995459	阜成门	否
1	150995208	五棵松	否	2	150995460	复兴门	是
1	150995209	万寿路	否	2	150995461	长椿街	否
1	150995210	公主坟	是	2	150995462	宣武门	是
1	150995211	军事博物馆	是	2	150995463	和平门	否
1	150995212	木樨地	否	2	150995464	前门	否
1	150995213	南礼士路	否	2	150995465	崇文门	是
1	150995214	复兴门	是	2	150995466	北京站	否
1	150995215	西单	是	2	150995467	建国门	是
1	150995216	天安门西	否	2	150995468	朝阳门	是
1	150995217	天安门东	否	2	150995469	东四十条	否
1	150995218	王府井	否	2	150995470	东直门	是
1	150995219	东单	是	2	150995471	雍和宫	是
1	150995220	建国门	是	2	150995472	安定门	否
1	150995221	永安里	否	2	150995473	鼓楼大街	是
1	150995221	国贸	是	2	150995474	积水潭	否
1	150995223	大望路	是	⋮	⋮	⋮	

假设列车运行时间和换乘站走行时间均为已知，截取部分列车区间运行时间如表6-7所示。同时换乘走行时间是经过实地调研获得的，由于走行速度不同，故采样的数据是在多次不同走行速度的测试下取的均值，具体见表6-8。

表 6-7　列车区间运行时间

站名	区间运行时间/s	站名	区间运行时间/s
苹果园—古城	200	西直门—车公庄	83
古城—八角游乐园	150	车公庄—阜成门	83
八角游乐园—八宝山	30	阜成门—复兴门	137
八宝山—玉泉路	120	复兴门—长椿街	75
玉泉路—五棵松	140	长椿街—宣武门	87
五棵松—万寿路	135	宣武门—和平门	86
万寿路—公主坟	100	和平门—前门	97
公主坟—军事博物馆	100	前门—崇文门	123
军事博物馆—木樨地	100	崇文门—北京站	112
木樨地—南礼士路	120	北京站—建国门	98
南礼士路—复兴门	80	建国门—朝阳门	127
复兴门—西单	120	朝阳门—东四十条	78
西单—天安门西	105	东四十条—东直门	77
天安门西—天安门东	90	东直门—雍和宫	172
天安门东—王府井	90	雍和宫—安定门	77
王府井—东单	85	安定门—鼓楼大街	99
东单—建国门	110	鼓楼大街—积水潭	127
建国门—永安里	120	积水潭—西直门	150
永安里—国贸	85	宣武门—西单	75
国贸—大望路	120	西单—灵镜胡同	87
大望路—四惠	143	崇文门—东单	79
四惠—四惠东	140	东单—灯市口	83

表 6-8　换乘站走行时间

换乘站	换出车站编号	换入车站编号	换乘走行时间/s	换乘站	换出车站编号	换入车站编号	换乘走行时间/s
朱辛庄	150996997	151019045	40	国家图书馆	150996007	150997269	42
	151019045	150996997	40		150997269	150996007	90
西局	151018035	150998561	138	白石桥南	150996507	150997271	126
	150998561	151018035	72		150997271	150996507	156
鼓楼大街	150995473	150997027	264	平安里	150996015	150996515	252
	150997027	150995473	258		150996515	150996015	246

换乘站	换出车站编号	换入车站编号	换乘走行时间/s	换乘站	换出车站编号	换入车站编号	换乘走行时间/s
朝阳门	150995468	150996523	192	六里桥	150997281	151018037	66
	150996523	150995468	228		151018037	150997281	72
复兴门	150995214	150995460	300	望京	150998615	150998825	225
	150995460	150995214	96		150998825	150998615	212
东单	150995219	150996277	282	金台路	150996529	150998599	82
	150996277	150995219	300		150998599	150996529	153
国贸	150995222	150997543	294	菜市口	150996025	150996765	140
	150997543	150995222	288		150996765	150996025	41
西直门	150995457	150996011	102	大望路	150995223	150998595	277
	150996011	150995457	210		150998595	150995223	297
	150995457	150998293	438	十里河	151018009	150998585	202
	150998293	150995457	546		150998585	151018009	181
	150996011	150998293	480	北京南站	150996029	150998573	48
	150998293	150996011	480		150998573	150996029	181
东直门	150995470	151020053	360	西苑	150995993	150999079	180
	151020053	150995470	360		150999079	150995993	180
	150995470	150998323	390	南锣鼓巷	150996519	150997031	153
	150998323	150995470	246		150997031	150996519	188
	151020053	150998323	240	七里庄	150997283	150998559	60
	150998323	151020053	450		150998559	150997283	60
惠新西街南口	150996261	150997525	74	军事博物馆	150995211	150997275	210
	150997525	150996261	120		150997275	150995211	360
北土城	150997021	150997521	48	慈寿寺	150996503	151018045	162
	150997521	150997021	120		151018045	150996503	126
西二旗	150998303	151019049	78	车公庄	150995458	150996513	150
	151019049	150998303	102		150996513	150995458	216
宋家庄	150996289	151019541	78	东四	150996273	150996521	318
	151019541	150996289	156		150996521	150996273	360
	150996289	151018015	120	呼家楼	150996527	150997539	90
	151018015	150996289	114		150997539	150996527	78
	151018015	150996289	150	西单	150995215	150996021	246
	150996289	151018015	186		150996021	150995215	342

换乘站	换出车站编号	换入车站编号	换乘走行时间/s	换乘站	换出车站编号	换入车站编号	换乘走行时间/s
建国门	150995220	150995467	168	郭公庄	150997293	151019285	24
	150995467	150995220	84		151019285	150997293	24
四惠	150995224	151019777	156	霍营	150997005	150998309	198
	151019777	150995224	174		150998309	150997005	228
四惠东	150995225	151019778	66	公主坟	150995210	151018041	198
	151019778	150995225	192		151018041	150995210	204
宣武门	150995462	150996023	156	角门西	150996033	151018023	180
	150996023	150995462	456		151018023	150996033	198
崇文门	150995465	150996279	228	奥林匹克公园	150997017	150998815	247
	150996279	150995465	366		150998815	150997017	304
雍和宫	150995471	150996267	120	北京西站	150996757	150997277	40
	150996267	150995471	180		150997277	150996757	40
海淀黄庄	150996001	150997509	144	磁器口	150996281	150996773	147
	150997509	150996001	132		150996773	150996281	150
立水桥	150996251	150998311	198	九龙山	150996781	150998593	155
	150998311	150996251	204		150998593	150996781	75
知春路	150997513	150998297	228	蒲黄榆	150996285	150998581	152
	150998297	150997513	222		150998581	150996285	145
芍药居	150997527	150998317	210	大屯路东	150996257	150998819	324
	150998317	150997527	192		150998819	150996257	295
望京西	150998315	150998823	306				
	150998823	150998315	384				

　　此外，为了实现对全路网客流分布的计算，还需要获知路网各线列车的发车间隔和早末班车时间。本书研究场景突发事件发生在早高峰时段，上下行高峰时段发车间隔及早末班车具体见表 6-9。

　　在拥挤程度的计算过程中，需要获知列车额定载客量，通过调研列车载客量数据见表 6-10。

表 6-9　北京地铁各线列车发车间隔及早末班车时间

	线路	1 号线	2 号线	4 号线	5 号线	6 号线	7 号线	8 号线
上行	高峰间隔/s	120	150	120	120	225	240	180
	早班车时间	045800	051000	051000	052000	052304	053000	045500
	末班车时间	233000	230000	223800	231100	235043	231500	230000
下行	高峰间隔/s	120	150	180	120	225	222	180
	早班车时间	045700	050400	051000	050000	051500	051000	044500
	末班车时间	233040	230336	224500	224800	235958	222500	220500
	线路	9 号线	10 号线	13 号线	14 号线	15 号线	16 号线	八通线
上行	高峰间隔/s	195	150	210	300/240	300	480	180
	早班车时间	052000	044900	050000	053000	053100	060000	060000
	末班车时间	224000	224409	234500	221000/ 224030	231500	225500	234000
下行	高峰间隔/s	195	150	210	300/280	300	480	180
	早班车时间	055900	045404	050000	054500/ 050000	053000	052500	052000
	末班车时间	231900	223400	234500	223010/ 223000	231800	223000	230000
	线路	西郊线	昌平线	亦庄线	房山线	S1 线	燕房线	
上行	高峰间隔/s	600	240	270	290	540	300	
	早班车时间	060000	054000	052235	051130	060000	053000	
	末班车时间	221500	233500	224300	234113	213800	225500	
下行	高峰间隔/s	600	240	270	280	540	300	
	早班车时间	061000	053700	0522235	055800	062500	050500	
	末班车时间	221500	233500	224300	230000	220000	223000	

表 6-10　各线路列车载客量　　　　　　　　　　（人）

线路	1 号线	2 号线	4 号线	5 号线	6 号线	7 号线	8 号线	9 号线
额定载客量	1428	1428	1408	1424	1960	1960	1460	1460
线路	10 号线	13 号线	14 号线	15 号线	16 号线	房山线	昌平线	西郊线
额定载客量	1468	1428	1860	1460	2480	1460	1460	300
线路	亦庄线	八通线	S1 线	燕房线	机场线			
额定载客量	1460	1428	900	1262	448			

二、场景描述

突发事件算例场景选择如下：

2017 年 11 月 28 日 8：38 地铁 10 号线角门东站因屏蔽门故障，影响内/外环双方向部分列车晚点。8：39 互锁解除失效，8：40 各次列车在大红门站至角门西站上下行区间改按进路闭塞法行车，故障期间上述区段列车运行间隔调整为 3min。10：06 故障修复。此故障造成停运 33 列，到晚 96 列（均 5min 以上），清人 37 列。其中中途折返 12 列（劲松 5 列、农业展览馆 2 列、太阳宫 1 列、莲花桥 2 列、首经贸 2 列）。受此故障影响 6 号线呼家楼站通过 5 列、13 号线芍药居站通过 1 列。

10 号线列车运行缓慢，地铁站内外均出现拥堵状况。受此故障影响，1 号线国贸站、5 号线惠新西街南口站、6 号线呼家楼站、10 号线十里河站和角门西站、13 号线芍药居站、亦庄线宋家庄站、4 号线/大兴线角门西 4 换 10 通道、14 号线（东段）十里河站、望京站采取了临时限流措施。有些车站只出不进。10 号线外环北土城实行临时停车，知春路、国贸和平常相比客流密集很多。13 号线无法换乘 10 号线。换乘的扶梯也停运。同时地铁站电视屏幕显示，建议有急事的乘客可换乘其他交通方式。

本次屏蔽门故障处置过程中，路网调度指挥组及时向市交通委、市应急办等上级单位进行了报告；利用乘客信息发布系统（PIS）向全路网发布乘客诱导信息，并布置相关线路利用车站、列车广播向乘客及时通报相关运营信息；通知运营企业网站、微博同步发布突发事件信息；通知公交总队对 10 号线各站进行警力援助。

由于 10 号线为路网上最大的环线，拥有最多的车站和换乘站，而且其相邻线路较多，是目前北京地铁客流量最大的线路，因此，10 号线发生的突发事件导致受影响区域范围较大，中断的持续时间也较长，情况相对较复杂。

三、结果与分析

本书选取 2017 年 5 月~2018 年 1 月间的 7 天类似突发事件样本数据，通过文献和多次试验及拟合，确定了各参数取值。绝对阈值和相对阈值的取值决定了有效路径的数量，通过多次实验，绝对阈值 $f_{max}^{(1)} = 35$，$f_{max}^{(2)} = 0.36$。拥挤度计算相关的修正系数 B、D 通过调研得出，均取 1[22]；乘客对换乘的感知参数 θ_1 的数值为 -1.73，参数 θ_2 的值为 -2.12，$\theta_2/\theta_1 > 1$；设定列车的座位数 z_a 为 276，列车能容纳的最大乘客数 c_a 为 1452。式（6-23）中参数取值 $\gamma = 0.89$，$\psi = 0.78$。

最后通过计算得到 8：00~9：00 时段内各路径的选择比例，见表 6-11。

（一）模型算法有效性比对

为了验证本书模型算法的有效性，以突发事件发生站为中心选取路网 8 个车站（20个换乘方向），根据计算输出结果将这20个换乘方向上在早高峰8：00~9：00时间段内的累积换乘客流量与实测换乘客流量进行比较，对比结果如图6-13所示。

表 6-11 部分路径选择比例

OD 对	时间	路径（以站名首字母代替全拼）	换乘站	阻抗	选择概率
北京西站—草桥	8：00	BJXZ-CSK-JMX-CQ	2	30.700	0.370
	8：30	BJXZ-CSK-JMX-CQ	2	30.710	0.366
	9：00	BJXZ-CSK-JMX-CQ	2	66.628	0.129
	8：00	BJXZ-LLQ-CQ	1	27.690	0.530
	8：30	BJXZ-LLQ-CQ	1	27.659	0.527
	9：00	BJXZ-LLQ-CQ	1	55.508	0.254
四惠—宋家庄	8：00	SH-JGM-DD-SJ	1	28.269	0.506
	8：30	SH-JGM-DD-SJ	1	27.619	0.527
	9：00	SH-JGM-DD-SJ	1	53.904	0.361
	8：00	SH-JGM-CWM-SJZ	2	41.098	0.343
	8：30	SH-JGM-CWM-SJZ	2	40.927	0.376
	9：00	SH-JGM-CWM-SJZ	2	66.628	0.221
苹果园—崇文门	8：00	PGY-FXM-XWM-CWM	1	64.013	0.422
	8：30	PGY-FXM-XWM-CWM	1	117.432	0.383
	9：00	PGY-FXM-XWM-CWM	1	70.155	0.307
	8：00	PGY-DD-CWM	1	72.618	0.271
	8：30	PGY-DD-CWM	1	125.726	0.303
	9：00	PGY-DD-CWM	1	124.472	0.314
	8：00	PGY-JGM-BJZ-CWM	1	70.155	0.307
	8：30	PGY-JGM-BJZ-CWM	1	55.057	0.248
	9：00	PGY-JGM-BJZ-CWM	1	52.112	0.305

从图6-13可知，模型计算结果与实际结果较为一致。从图6-14可以看出，国贸（1→10）、角门西（4→10）、知春路（13→10）、知春路（10→13）和芍药居（10→13）的相对误差值在15%左右，其余基本在10%以内。

由于样本调查数据的对象无法完全与当天突发事件经历的乘客相匹配，个体在选择行为上也会受到诸多客观和主观因素的影响在不同时期有所改变。本书基于突发事件下乘客的选择行为调查构造的乘客等待时间函数、乘客路径选择行为模型及其参数的设定，在准确性和合理性方面有所欠缺。加上本线及邻线客流的

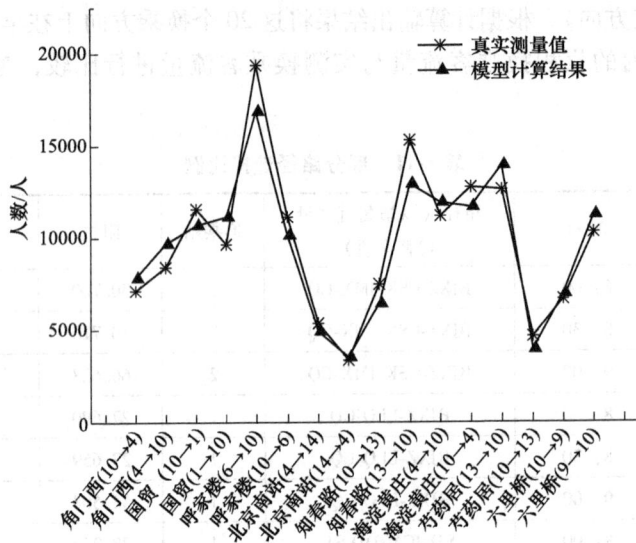

图 6-13　模型计算结果对比分析

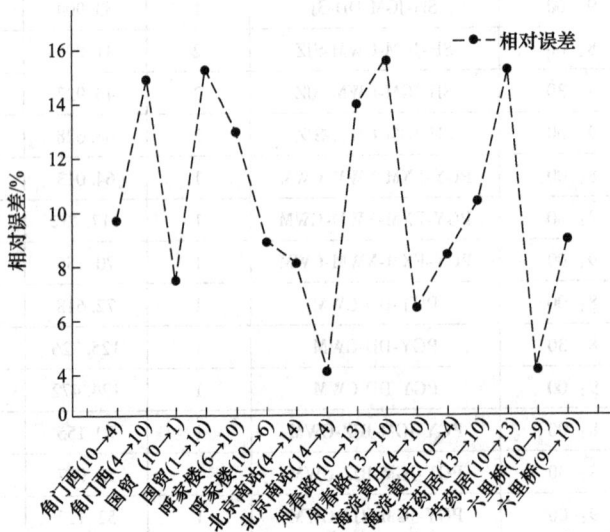

图 6-14　相对误差结果分析

变化使得换乘站客流复杂性更加突出，因此模型计算结果和真实实测数据对比有一定的差异性。

（二）突发和常态数据比对

1. 正常情况下和突发情况下进出站量对比分析

为了更为直观地比较突发条件下和常态情况下路网客流的差异性，本书将正常情况下与突发情况下的进出站量、各个换乘站的方向换乘客流量和断面客流量进行了对比分析。

由于 2017 年 11 月 28 日突发事件的发生时间为早高峰 8：38，将 8：00 ~ 9：00时段 10 号线当日突发情况下的累积进出站量与前一周 11 月 21 日正常情况数据进行对比分析，分别如图 6-15 和图 6-16 所示。

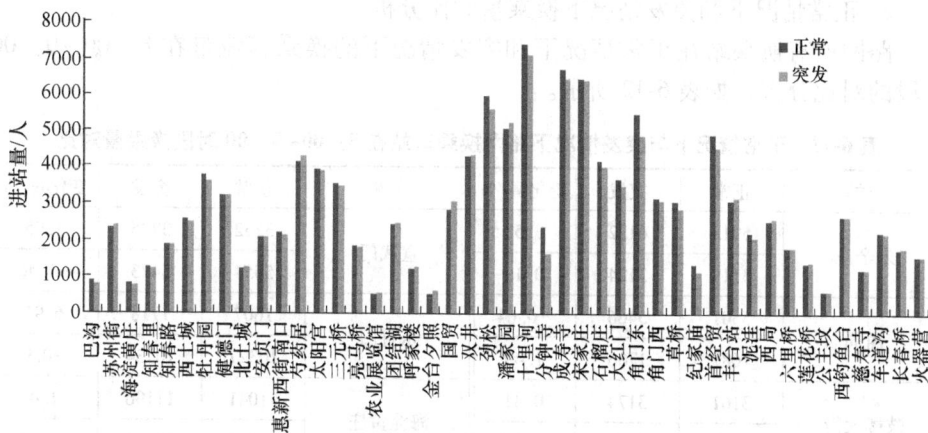

图 6-15 10 号线正常情况下和突发情况下进站量对比

从图 6-15 进站量对比发现，由于 10 号线是突发事件发生的事发线路，首先直接受影响的是本线客流量。因此 10 号线大部分车站的进站量都有较大幅度的下降。其中突发情况下分钟寺、纪家庙、角门东和巴沟的进站客流量与正常条件下相比下降幅度较为明显，分别下降了 30.22%、12.52%、10.64% 和 8.27%，而金台夕照和国贸却有 18.58% 和 8.56% 的进站量增长。

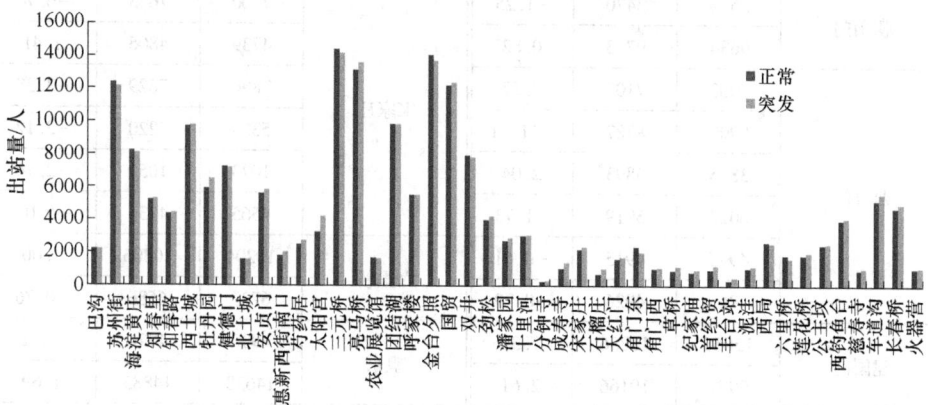

图 6-16 10 号线正常情况下和突发情况下出站量对比

从图6-16可看出，角门东西边附近丰台站、首经贸、草桥、纪家庙、泥洼，以及东边附近的石榴庄、成寿寺、分钟寺、太阳宫、大红门、宋家庄等出站量有较为明显的增长，其中丰台站、石榴庄、成寿寺的出站量增长了53.1%、44.12%和33.85%。由于角门东发生突发事件，乘客大多选择在事发附近的车站出站，故角门东的出站量下降了12.69%。这也体现出了突发事件导致大量客流不可达，从而造成了客流量的损失。

2. 正常情况下和突发情况下换乘量对比分析

路网所有换乘站在正常情况下和突发情况下的换乘客流量在8∶00~9∶00时段的对比分析，如表6-12所示。

表6-12　正常情况下与突发情况下路网换乘车站在8∶00~9∶00时段换乘量对比

车站	正常	突发	变化量/%	车站	正常	突发	变化量/%
朱辛庄	5913	6122	3.53	宣武门	3252	3286	1.05
	3118	3124	0.19		5554	5473	−1.46
西局	5501	5466	−0.64	东直门	1607	1718	6.91
	1681	1706	1.49		10327	10234	−0.9
鼓楼大街	3161	3174	0.41	海淀黄庄	11041	11196	1.4
	10135	10156	0.21		12972	12748	−1.73
国图	7353	7079	−3.73	惠新西街南口	19009	19612	3.17
	13892	13579	−2.25		9506	9283	−2.35
白石桥南	9194	9103	−0.99	北土城	6813	6771	−0.62
	4131	4029	−2.47		13510	13627	0.87
平安里	5543	5438	−1.89	西二旗	2646	2772	4.76
	5429	5201	−4.2		18340	18219	−0.66
朝阳门	3514	3470	−1.25	宋家庄	7700	7643	−0.74
	9634	9713	0.82		4739	4806	1.41
西直门	7063	7103	0.57		7896	7629	−3.38
	9907	8787	−11.31		5333	5220	−2.12
	3815	3893	2.04		1073	1050	−2.14
	6023	5919	−1.73		4565	4336	−5.02
	4945	4915	−0.61	六里桥	10204	10306	1.00
	4965	4926	−0.79		6737	6686	−0.76
建国门	15058	15256	1.31	望京	4933	4874	−1.2
	9907	10166	2.61		14638	14885	1.69
四惠	3208	3197	−0.34	金台路	7275	7352	1.06
	11062	11388	2.95		13991	13890	−0.72

车站	正常	突发	变化量/%	车站	正常	突发	变化量/%
菜市口	7653	7513	-1.83	崇文门	2188	2224	1.65
	5458	5517	1.08		4470	4353	-2.62
大望路	7995	8218	2.79	雍和宫	4771	4758	-0.27
	10057	10190	1.32		13942	13997	0.39
十里河	5030	4910	-2.39	立水桥	5785	5837	0.90
	3015	3042	0.9		5285	5222	-1.19
蒲黄榆	2960	2987	0.91	知春路	7487	7487	0
	4459	4440	-0.43		15142	15306	1.08
大屯路东	8834	9279	5.04	芍药居	6813	4645	-31.82
	5993	5978	-0.25		13510	12619	-6.60
南锣鼓巷	3023	3039	0.53	望京西	6169	6138	-0.5
	2764	2830	2.39		7854	7670	-2.34
七里庄	3305	3150	-4.69	郭公庄	16081	16155	0.46
	822	843	2.55		1544	1517	-1.75
军博	6800	6859	0.87	霍营	1767	1856	5.04
	6225	6228	0.05		6953	7112	2.29
慈寿寺	5628	5670	0.75	公主坟	9356	9570	2.29
	3511	3453	4.45		10810	10810	0
车公庄	7665	7504	-2.1	角门西	9404	8422	-10.44
	5500	5342	-2.87		7580	7137	-5.84
东四	5219	5215	-0.08	奥林匹克公园	7765	7971	2.65
	7239	7118	-1.67		3533	3475	-1.64
呼家楼	19315	19370	0.28	北京西站	4965	4926	-0.79
	11406	11133	-2.39		4372	4298	-1.69
复兴门	5383	5400	0.32	磁器口	8071	8098	0.33
	8016	8096	1.00		5773	5762	-0.19
西单	5165	5181	0.31	九龙山	9443	9746	3.21
	7762	7713	-0.63		7390	7385	-0.07
东单	6280	6306	0.41	北京南站	5382	5362	-0.37
	8135	8072	-0.77		3413	3371	-1.23
国贸	10406	9660	-7.17	西苑	3915	3845	-1.79
	11750	11561	-1.61		9925	10075	1.51
四惠东	3154	3165	0.35				
	17908	18495	3.28				

表6-12为路网中53个换乘车站的换乘量与正常情况相比的变化情况。从表中可以看出，由于10号线角门东车站发生了突发事件，西苑站、七里庄、磁器口、朱辛庄、霍营、奥林匹克公园、西直门等由其他线路去往10号线或4号线的换乘量突然增大，但是10号线本线换乘客流量改变并不明显。这说明由于10号线发生了突发事件，部分路径的服务水平下降甚至丧失可达性，这就使得相邻线承担了10号线的部分客流量。

3. 正常情况下和突发情况下断面客流量对比分析

图6-17中，突发情况下上行断面客流量和正常相比基本上都是呈下降的趋势，这是由于突发事件发生后，10号线发车间隔加大，行车密度降低，导致线路服务能力下降。

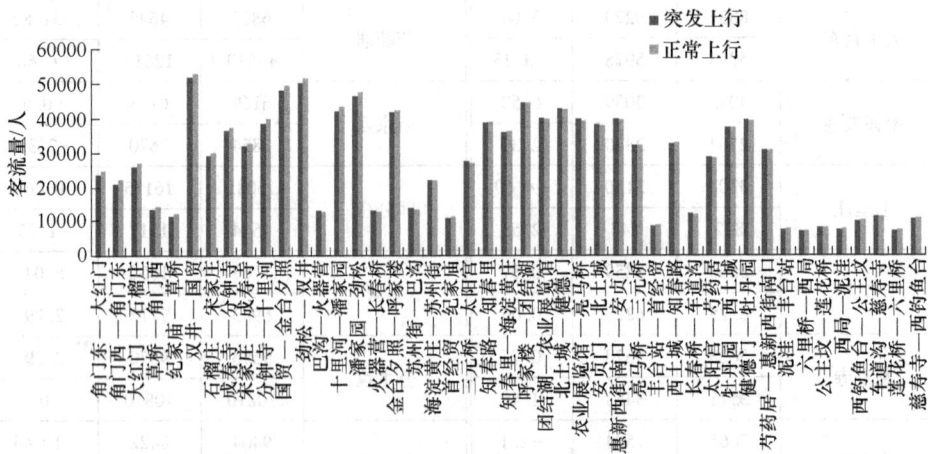

图6-17　10号线正常情况与突发情况上行断面客流量对比图

图6-18中，草桥—纪家庙、角门东—角门西、石榴庄—大红门、角门西—草桥、宋家庄—石榴庄、分钟寺—成寿寺、大红门—角门东、成寿寺—宋家庄的突发下行断面客流量比常态下减少量比较明显，线路其余区间断面客流量变化浮动不大。

（三）受影响范围和强度结果分析

依据突发事件场景和受影响范围分析方法，得到突发场景条件下的受影响范围，如图6-19所示，粗黑色线段为受影响范围。

突发事件发生在10号线角门东车站，客流最大受影响范围包括：

（1）10号线由巴沟站到达角门东站的内环（巴沟—国贸—宋家庄—车道沟）方向范围和由车道沟站出发到达角门东站的外环方向（车道沟—宋家庄—国贸—巴沟）范围为直接受影响范围。

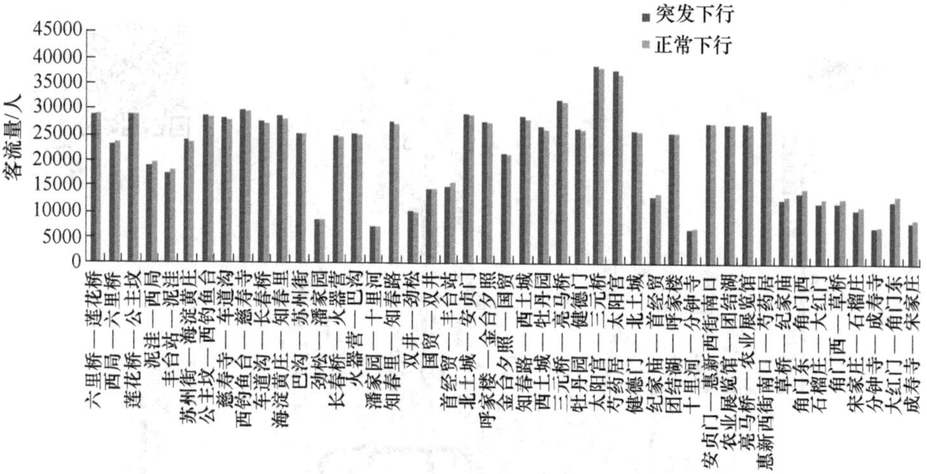

图 6-18 10 号线正常情况与突发情况下行断面客流量对比图

（2）10 号线角门东车站最邻近的换乘车站角门西所属的 4 号线/大兴线也受到影响，4 号线/大兴线上下行所有在角门西换乘到 10 号线的乘客均受到影响。

（3）14 号线东段全线在十里河换乘进入 10 号线内环方向所有以角门东站为最终目的地的乘客。

（4）14 号线东段九龙山至北京南站上下行客流。

（5）5 号线下行从天通苑北在宋家庄、惠新西街南口换乘进入 10 号线内环方向所有以角门东站为最终目的地的乘客。

（6）由于亦庄线全线只有宋家庄是换乘站，客流只能在全线流动，因此亦庄线全线受影响。

（7）14 号线西段上行从西局换入 10 号线的乘客。

（8）6 号线需要在 10 号线呼家楼和慈寿寺换乘到达角门东的乘客。

（9）13 号线需要在 10 号线知春路和芍药居换乘的上下行乘客。

（10）9 号线需要在 10 号线六里桥换乘的上行行客流。

（11）7 号线需要在 10 号线双井换乘的上下行客流。

（12）1 号线需要在 10 号线公主坟和国贸换乘的上下行客流。

（13）非相邻线 2 号线由于雍和宫和东直门的客流流入量增大，而且这两个车站为相邻车站，因此其区间也受影响；朝阳门和建国门的区间也是同样情况。

（14）此外，由于 1 号线受影响，军博车站和 9 号线北京西站是两个相邻车站，因此两个车站区间也会受影响。

（15）8 号线需要在 10 号线北土城换乘的客流量。

依据路网换乘站和折返站条件，当在路网所有乘客获知 10 号线突发事件信息之后，上述最大受影响客流路径选择会有如下改变：

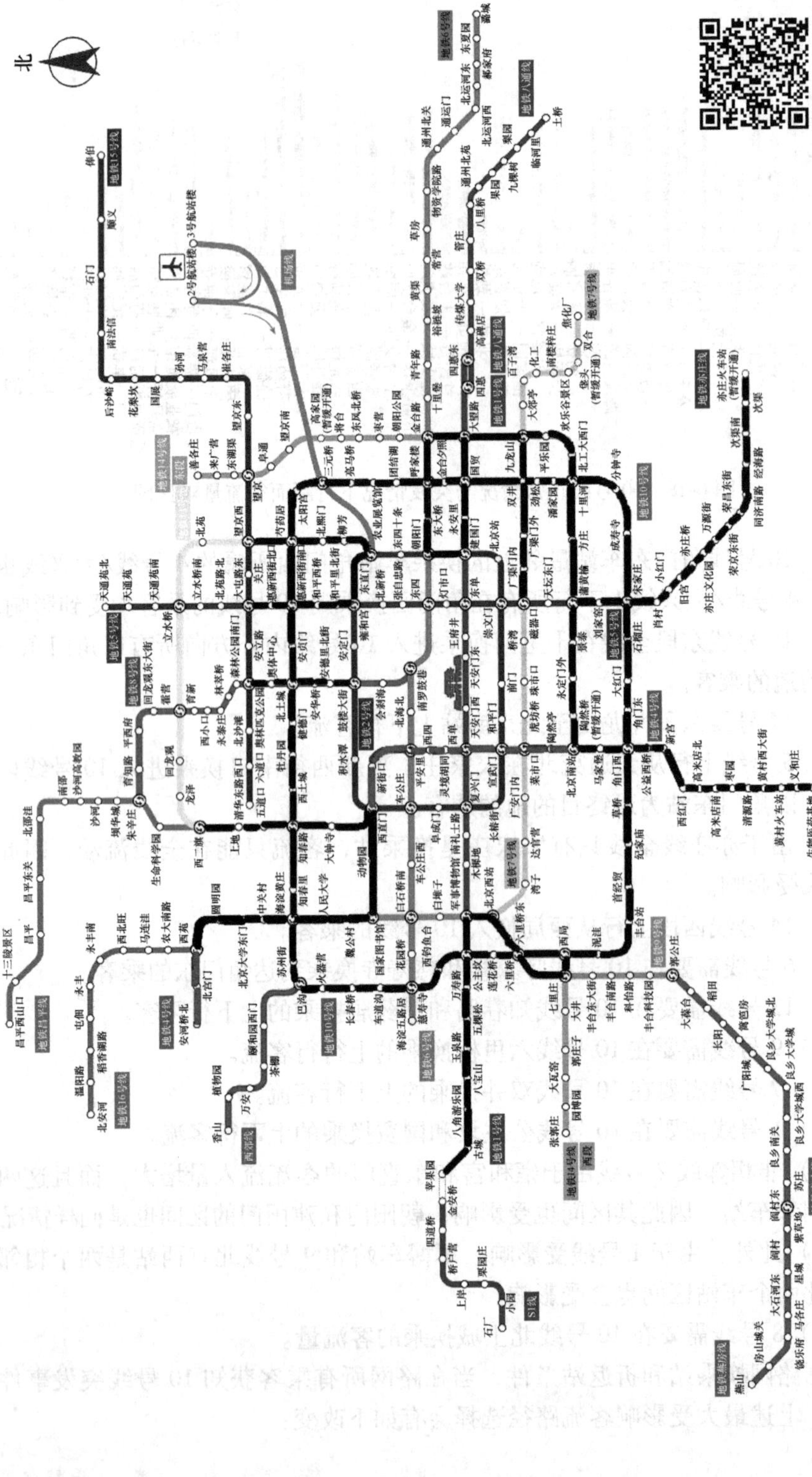

图 6-19 突发事件下北京地铁路网受影响范围

（2）中4号线打算在角门西和海淀黄庄换乘的上下行客流会选择在北京南站、国家图书馆和西苑换乘；（3）中的部分乘客会选择在九龙山换乘；（5）中的部分乘客会选择在蒲黄榆、雍和宫、大屯路东换乘；（7）中的部分乘客会选择在七里庄换乘；（8）中的部分乘客会选择在金台路和朝阳门选择换乘；（9）中的部分乘客会选择在知春路和芍药居选择换乘；（10）中的部分乘客会选择在七里庄和北京西站选择换乘；（11）中的部分乘客会选择在磁器口和九龙山选择换乘；（12）中的部分乘客会选择在军博、建国门和大望路换乘；（15）中的部分乘客会选择在奥林匹克花园和鼓楼大街选择换乘。

（四）受影响强度分析

由于角门东发生突发事件，整个10号线列车运行缓慢，外环北土城实行临时停车，地铁站内外均出现拥堵状况。加之10号线本身是大环线，换乘站较多，导致多个车站客流密集，知春路、国贸和平常相比，客流密集很多。国贸站本身早高峰进站量明显，加上突发条件下线路运力不足，导致其聚集人数持续增加。当突发事件时间结束之后线路恢复正常运营，有了更大的运力之后，站内聚集人数会呈现较为明显的递减趋势，整个聚集程度会随时间有一定的滞后现象。国贸站聚集人数如图6-20所示。

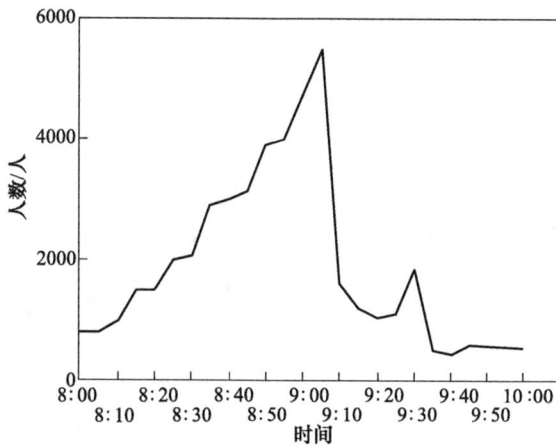

图6-20 国贸站中断情况下站内聚集人数随时间变化

表6-13为8：30~9：00，每隔5min路网受影响车站的数量以及其强度的变化。从表中可以看出，随着中断时间往后推移，事件的影响也在路网逐渐传播，由8：30~8：35的31个逐渐扩大为8：55~9：00的184个车站，车站受到的影响强度也逐步加剧。根据前文对影响强度的定义，变化量在10%~20%时受影响强度为Ⅲ级，20%~30%时为Ⅱ级，大于30%为Ⅰ级。从表中可以看出，突发事

件发生后，受影响强度为Ⅲ级的车站逐步增多，Ⅰ级和Ⅱ级的车站数量则在达到峰值后上下波动，路网受影响车站数量和程度也是随着网络传播有一定的滞后性。

表 6-13　突发事件下路网受影响车站数量随时间变化表　　　　（个）

时间	Ⅰ级	Ⅱ级	Ⅲ级	总计
8：30~8：35	2	14	15	31
8：35~8：40	20	22	10	52
8：40~8：45	18	28	24	70
8：45~8：50	30	25	21	76
8：50~8：55	22	24	38	84
8：55~9：00	25	26	45	96
9：00~9：05	29	22	51	102
9：05~9：10	22	25	46	93
9：10~9：15	28	19	31	78
9：15~9：20	25	21	26	72

第七章 网络客流控制方法

第一节 "双限"条件下路网客流分析

陆化普提出交通需求管理，从广义上指通过交通策略等的导向作用，促进交通参与者交通选择行为的变更，以减少机动车出行量，减轻或消除交通拥堵；从狭义上说是指为消减高峰期间一人乘车的小汽车通勤交通量而采取的综合性交通政策[126]。城市轨道交通需求管理指当系统能力有限时通过相应的客流控制策略，改变路网乘客数量及分布，缓解客流拥堵现象。客流需求与系统能力相对变化关系如图 7-1 所示。

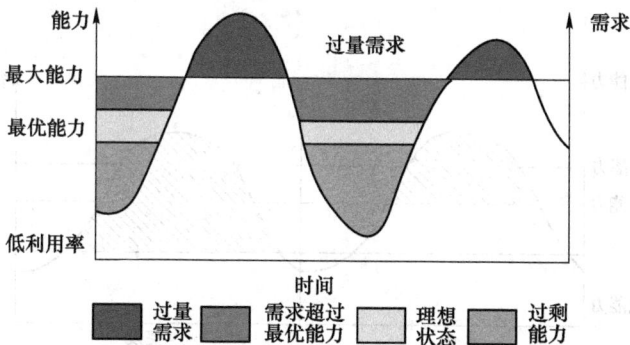

图 7-1 需求与能力的关系

供需平衡的四种状态：

（1）需求过剩。指需求侧的水平远远超过最大的供给侧，即客流需求大于系统能力。路网会产生乘客滞留人数增加、客流拥挤、乘客候车时间增加等现象。

（2）需求超过最优能力。最优能力不同于最大能力，它是指运营系统处在最优的运行状态。当需求侧超过最优能力的时候，运营部门通常采取提高供给侧的能力来平衡两者的矛盾。

（3）需求与供给在最优能力条件下平衡。客流需求侧与能力供给侧达到平衡，线路、车站和列车的利用率达到最优，这也是理想的使用状态。

（4）过剩的能力。指需求低于最佳供给能力。需求侧小于供给侧，造成资源的浪费，产生过量的能力，系统的使用率低。城市轨道交通实际运营中，一般都会避免此种情况的出现，根据历史客流的预测，开行适量的列车和线路。

突发事件发生后，一方面由于故障原因导致线路中断或区间中断，运营部门实行非正常条件下的行车组织策略，包括降级运行、"拉风箱"、交路运行等，即表现为供给侧的受限；另一方面受影响区域出现大客流剧增和聚集的现象，运营部门对突发事件下客流实行相应的控制措施，减少进站客流量或改变乘客走行时间和速度，减轻拥堵现象，表现为需求侧受限。我们把供给侧和需求侧同时受限的情况，称为"双限"现象。在"双限"条件下，需要寻求最优平衡——理想状态。

在高峰或突发条件下，系统能力受限时，客流需求和能力出现不均衡状态，需要通过客流控制措施协调两者矛盾，其关系如下：

实际客流需求大，系统能力强，客流需求受限小；

实际客流需求大，系统能力弱，客流需求受限大；

实际客流需求小，系统能力强，客流需求受限小。

常态和突发条件下，客流控制强度的对比如图 7-2 所示。

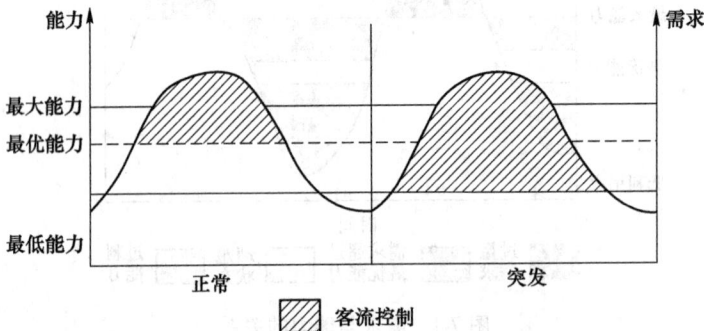

图 7-2　正常与突发条件下客流控制强度对比

突发事件下，以路网受影响乘客数量最小为目标，为实现"双限"平衡问题，可采用线性规划以及动态规划等优化方法。"双限"条件下的最优均衡的线性规划模型如下：

$$\min \sum_{t_i \in T} D(t_i) - d(t_i) \tag{7-1}$$

$$\min \sum_{t_i \in T} \frac{D(t_i)}{A(t_i)} \alpha$$

$$\text{s.t } 0 < d(t_i) < D(t_i) \tag{7-2}$$

$$0 < A(t_i) < A_{\max}(t_i)$$

式中　$D(t_i)$——t_i 时段路网所有车站的实际客流需求；

　　　$d(t_i)$——t_i 时段路网所有车站的客流需求；

　　　$A(t_i)$——t_i 时段系统能力总和，包括区间能力、线路能力、车站能力等。

常态情况下一天内的波峰为早晚高峰，其余时间为平峰。突发条件下的城市轨道交通客流需求随时间和客流控制措施变化。控流强度定义为单位时间内控流人数与实际客流需求的比值。实施控流的过程中，控流强度越大，控流人数也就越多，例如进站人数越少、换乘通道流量越少等；反之控流强度越小，控流人数也就越少。

第二节　城市轨道交通网络客流控制方法

《城市轨道交通运营安全管理规范》中定义客流控制是为客运组织安全需要而采取的限制乘客进站速度的安全措施。《北京地铁路网限流规范》中定义客流控制是采取措施控制乘客进站或换乘。总而言之，客流控制的目的是缓解客流拥挤，降低客运风险，保证运营安全。

客流控制的机理是以损失乘客出行时间和降低运输服务水平为代价，来保障运营安全。例如通过控制乘客进站速度来降低单位时间内进入车站付费区的客流。但未从根本上减少客流需求量，仅从客流需求的时间分布上予以调节，属于"消峰"策略。客流控制影响因素包括以下内容：

（1）客流需求的快速增长。快速、准时、便捷等运输特点吸引了越来越多的乘客乘坐轨道交通，另外，道路交通日益拥挤使得部分客流转向轨道交通，旺盛的客流需求是导致客流控制问题的最直接原因。

（2）线路规划设计的不合理。规划部门对客流需求的预测误差使得在进行车站能力设计时存在不足，部分线路在开通短时期内即达到中远期规划客流量，造成运输能力供给难以满足需求。设计运输能力的不足是导致客流控制问题的根本性原因之一。

（3）供需结构的不稳定。我国城市轨道交通正处在快速发展时期，城市结构、网络形态及客流特征均不稳定，尤其是新线的引入造成路网客流需求分布结构发生巨大变化，从而导致一定时期内供需矛盾问题突出。

（4）城市规划的不合理。土地利用以及产业结构的不合理使得居民在分布区域以及出行流上出现明显的方向性特征，该原因是导致客流控制问题以及其他交通问题的根本性原因。

通过对城市轨道交通网络拓扑结构与客流特征的分析，本书提出城市轨道交通网络客流控制方法，具体包括城市轨道交通网络模型、城市轨道交通网络可控性判定方法和控流车站辨识方法三部分，如图7-3所示。

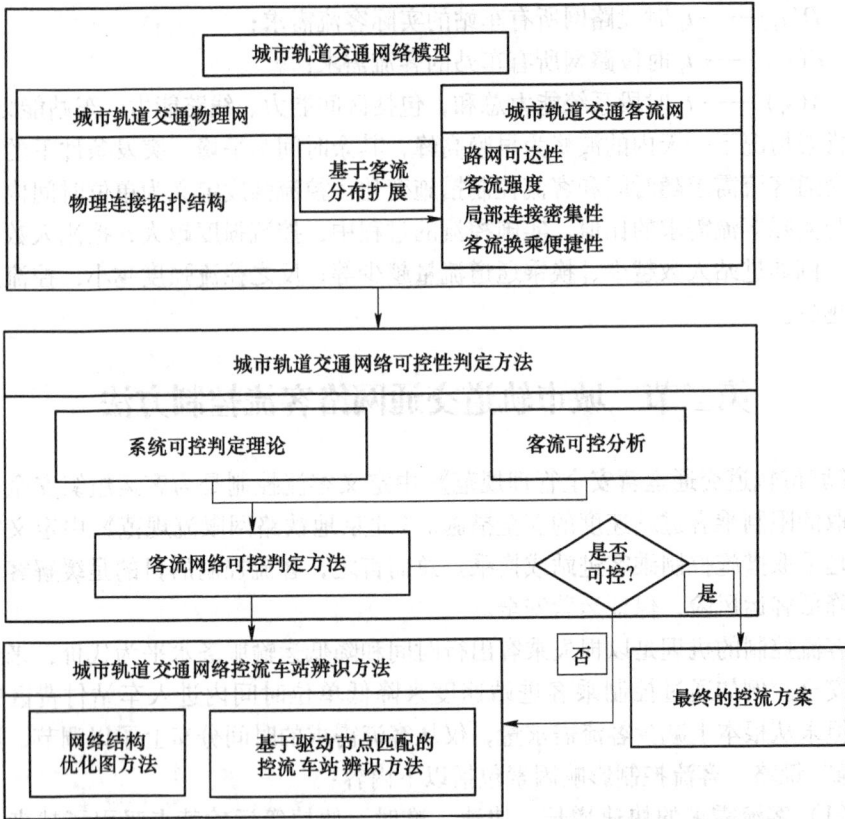

图 7-3　城市轨道交通网络客流控制优化方法

　　首先，基于网络客流的扩展与分布，在城市轨道交通物理网的基础上加载客流，形成基于驱动节点的城市轨道交通客流网。其次，基于系统可控判定理论，提出城市轨道交通客流网可控性判定方法。最后，基于网络结构优化图方法，建立基于驱动节点匹配的控流车站辨识方法，实现对城市轨道交通网络控流车站的控制。

　　本书提出的城市轨道交通客流网控制方法，首先通过网络可控判定方法判断当前实际现场的控流车站集合是否可控。其次，通过对驱动节点的优化配置，使整个客流网达到可控状态，从而得到可控条件下的控流车站集合。在实际控流过程中，随着车站实施控流措施，客流量也会发生变化，可能会出现次高峰客流。该控流方法可根据客流状态或者时间周期进行迭代计算，得到不同时间段内的控流车站集合。当客流趋于相对稳定时，控流车站也趋于固定。

第三节　城市轨道交通客流网络模型建模

一、城市轨道交通客流网络模型

城市轨道交通客流网络模型基于轨道基础线路进行构建。定义车站为点，连接两个车站的轨道定义为边，这就构成了城市轨道交通物理网。在轨道交通物理网基础上叠加客流分布与转移，将其扩展为城市轨道交通客流网。定义车站为网络中的节点，如果两个车站之间有客流转移，则这两个车站之间存在边连接，边的权重为转移的客流量，这样构成的网络为城市轨道交通客流网。

二、控流车站备选集评价指标

复杂网络一般具有较多的节点数目、庞大的度分布、高聚集程度等特点，由于客流具有强流动性，单从车站当前聚集的客流人数判断控流节点，无法实现面向全路网的有效控制。因此本书构建了城市轨道交通客流网的基本统计指标，可从路网可达性、客流强度、局部连接密集性和客流换乘便捷性等角度生成控流车站备选集。

（一）度

度定义为车站 i 与其他车站的连接个数。度越大，说明车站与其他车站之间连接的路段数越多，车站在网络中的影响也越重要。计算公式如下：

$$k_i = \sum_{i \leqslant j} n_{ij} \tag{7-3}$$

式中　n_{ij}——0~1 变量，表示车站 i 和 j 之间的连接关系。

城市轨道交通客流网的度值反映了车站的可达性。度值越大代表该车站换乘线路选择越多，换乘也越方便；反之，度值越小代表该车站可达性较弱，乘客可能需要经过多次换乘才可到达目的地。

（二）车站强度

车站 i 和 j 权重为 w_{ij}，w_{ij} 为车站 i 和 j 之间的客流需求。网络车站 i 强度 S_i 定义为：

$$S_i = \sum_{i=1}^{n} \sum_{j=1}^{n} w_{ij} \tag{7-4}$$

车站强度为该车站边权重的和。城市轨道交通客流网车站的强度反映了该车站的客流需求强度，强度大说明该车站的客流量大。

（三）聚集系数

聚集系数反映了车站在网络中的聚集程度。假设车站 i 和与它相连接的边共有 k_i。k_i 个车站最多有 $k_i(k_i-1)/2$ 条边，那么 k_i 真实存在的边数 E_i 与 $k_i(k_i-1)/2$ 的比值定义为节点 i 的聚集系数 C_i：

$$C_i = \frac{2E_i}{k_i(k_i - 1)} \tag{7-5}$$

城市轨道交通客流网的聚集系数反映了车站间客流转移连接的紧密程度，聚集系数越大，说明有客流转移的车站与附近各个车站的连接紧密度越高。

（四）网络平均路径长度

车站 i 和 j 距离的 d_{ij} 指两车站间的最短路径的边数。网络平均路径长度 L 定义为：

$$L = \frac{1}{(1/2)N(N - 1)} \sum d_{ij} \tag{7-6}$$

式中，N 为网络中车站的个数。

城市轨道交通客流网的平均路径长度反映了客流网中的乘客从出发地到目的地所经过的车站个数，是一个表示城市轨道交通客流网连通性的指标。

根据以上网络特性指标，构建客流网中控流车站集合备选集综合指标函数：

$$y = \alpha_1 k + \alpha_2 S + \alpha_3 C + \alpha_4 L \tag{7-7}$$

式中，α_1、α_2、α_3、α_4 为各指标权重参数，且 $\alpha_1 + \alpha_2 + \alpha_3 + \alpha_4 = 1$。

第四节　城市轨道交通客流网络可控性判定方法

一、系统可控判定理论

如果存在一个分段连续的输入 $u(t)$，能在有限时间区间 $[t_0, t_f]$ 内使系统由某一初始状态 $x(t_0)$ 转移到指定的任意终端状态 $x(t_f)$，则称此状态是可控的。

在控制理论中，线性定常系统的输入-输出模型表示如式（7-8）所示[131]：

$$\dot{x} = Ax(t) + Bu(t) \tag{7-8}$$

式中　$x(t)$——状态量，即 $x(t) = (x_1(t), \cdots, x_N(t))^T$；

　　　$u(t)$——输入信号，即 $u(t) = (u_1(t), \cdots, u_M(t))^T, M \leqslant N$；

　　　A——状态矩阵，$A \in R^{N \times N}$；

　　　B——输入矩阵，$B \in R^{N \times M}$；

线性定常系统 $\sum(A, B)$ 的状态完全可控的充要条件是由 A、B 构成的可控性判别矩阵满秩，即 $\mathrm{rank}(\boldsymbol{C}) = N$；当 $\mathrm{rank}(\boldsymbol{C}) < N$ 时，系统为不可控。

$$\boldsymbol{C} = (\boldsymbol{B}, \boldsymbol{AB}, \boldsymbol{A}^2\boldsymbol{B}, \cdots, \boldsymbol{A}^{N-1}\boldsymbol{B}) \tag{7-9}$$

二、城市轨道交通客流网络可控分析

轨道交通成网运营后，由于客流量增加，乘客换乘的机会增加，客流变化及规律比单一或者简单网络结构下的客流更加复杂。城市轨道交通网络是一个控制系统，外界实施的控流措施为输入，网络系统内 OD 客流量为状态变量。在常态或平峰情况下，城市轨道交通网络属于可控的范围。但在早晚高峰或大客流情况下，由于路段服务水平降低，客流量与区间能力不匹配。整个网络客流属于非均衡状态，从系统角度即为不可控状态。这时，需要采取相应的控流措施降低路网客流聚集程度，使系统处于可控状态。

在第 $t + \Delta t$ 个统计时段，线路 l 任意车站 i 的站内人数 $P_i(t + \Delta t)$ 可以看作其上一个统计时段的站内人数加上进出站人数之差和换入换出人数之差，其表达方式如下：

$$P_i(t + \Delta t) = P_i(t) + A_i(t) - D_i(t) + I_i(t) - O_i(t), \quad \forall t > 0 \tag{7-10}$$

式中　$P_i(t)$ ——t 统计时段 i 站的客流量；

　　　$A_i(t)$ ——t 时段内 i 站的进站客流量；

　　　$D_i(t)$ ——t 时段内 i 站的出站客流量；

　　　$I_i(t)$ ——其他车站流入 i 车站的换乘客流量；

　　　$O_i(t)$ ——i 车站流出到其他车站的换乘客流量。

客流控制主要是对进站客流量和站内客流量进行控制，虽然未从根本上减少客流需求。但是对客流需求在时间分布上予以调节，使全网客流量在时间和空间分布上达到相对稳定的状态。

三、城市轨道交通客流网络可控判定方法

根据城市轨道交通网络拓扑结构和客流特点，构建的城市轨道交通网络可控模型为：

$$\dot{x}(t) = \sum_{i=1}^{n} \sum_{j=1}^{n} a_{ij}(t) x_i(t) + \sum_{i=1}^{n} \sum_{j=1}^{m} b_{ij}(t) u_j(t), m \leqslant n \tag{7-11}$$

式中　$a_{ij}(t)$ ——t 时段状态矩阵 $\boldsymbol{a}$ 的元素；j 为起始车站，i 为目的车站，$a_{ij}(t)$ 表示 t 时段从 j 车站到 i 车站的客流量的取值；假设 $I_{ij}(t)$ 为 t 时段 j 车站到 i 车站实际客流需求，当 $I_{ij}(t) > k$ 时，$a_{ij} = 1$；当 $I_{ij}(t) < k$ 时，$a_{ij}(t) = I_{ij}(t)/k$，$\forall a_{ij}(t) \in (0, 1)$。

$x_i(t)$ 为 t 时段 i 站的客流状态级别。根据国家标准《地铁设计规范》（GB 50157—2013）和美国《公共交通通行能力和服务质量手册》（原著第 2 版），将

单个设施设备划分为四个等级，分别为 A、B、C、D，它们的拥挤程度依次降低，具体分级情况见表 7-1。

表 7-1　设施设备客流风险等级

客流状态级别	客流状态	站台			通道			检票设备区域	
		人均占用面积 /m²·人⁻¹	平均排队长度/m	客流密度 /人·m⁻²	平均步行速度 /m·min⁻¹	单位宽度客流流率 /人·(m·min)⁻¹	人均占用面积 /m²·人⁻¹	平均排队人数	速度 /m·s⁻¹
A	重度拥挤	≤0.2	≥3/4d	≥1.6	≤47	不定	≤0.2	≥20	不定
B	拥挤	0.2~0.3	1/2d~3/4d	1.1~1.6	47~69	65~81	0.2~0.3	13~20	0.3~0.5
C	较通畅	0.3~0.7	1/4d~1/2d	0.7~1.1	69~76	49~65	0.3~0.7	1~13	0.5~1.33
D	通畅	≥0.7	≤1/4d	≤0.7	≥76	≤49	≥0.7	≤1	≥1.33

依据北京市城市轨道交通车站拥挤风险评价标准，按照严重拥挤、拥挤、受限和畅通的评价结果情况，将车站拥挤风险等级划分为高风险、较高风险、一般风险和无风险。考虑到设备设施受限和畅通状态情况下，对乘客出行和车站运营影响不大，不作为划分风险等级的依据。因此整个车站的拥挤程度可由站台、通道、安检口、上行及下行楼梯以及进站口等多个调查点统计获得（表 7-2），具体原则如下：

（1）各处调查点，如果出现 5 个 A 或 8 个 B 以上，车站整体定为高风险车站（I 级）；

（2）各处调查点，如果出现 2~5 个 A 或 5~8 个 B，车站整体定位较高风险车站（II 级）；

（3）各处调查点，如果出现 1~2 个 A 或者 1~5 个 B，车站整体定位较一般风险车站（III 级）；

（4）各处调查点，如果出现 0 个 A 或者 0 个 B，车站整体定位无风险车站（IV 级）。

表 7-2　车站拥挤风险总体评价

拥挤等级	A（重度拥挤）	B（拥挤）	C（较拥挤）	D（畅通）
高风险（I 级）	评价等级个数>5	评价等级个数>8	—	—
较高风险（II 级）	2<评价等级个数≤5	5<评价等级个数≤8	—	—
一般风险（III 级）	1<评价等级个数≤2	1<评价等级个数≤5	—	—
无风险	0	0	—	—

根据车站拥挤风险总体评价结果，针对不同的级别，$x_i(t)$ 的取值是 1、2、3、4。

$b_{ij}(t)$ 为 t 时段输入矩阵 b 的元素，当该车站实行控流措施，$b_{ij}(t)=1$；否则，$b_{ij}(t)=0$。

$u_j(t)$ 为 t 时段第 j 个车站的控流强度，$\forall u_j(t) \in [0,1]$。车站控流强度表示单位时间内限制进入车站的客流量与实际客流需求量的比值，控流率越大控流强度越大。

由 Kalman 可控性判定条件，城市轨道交通客流网可控性的判定模型为：

$$\text{rank}(c = (b, ab, a^2b, \cdots, a^{n-1}b)) \tag{7-12}$$

根据 Kalman 可控判定方法，当 $\text{rank}(c) = n$ 时，城市轨道交通客流网为可控；当 $\text{rank}(c) < n$ 时，城市轨道交通客流网为不可控。

城市轨道交通客流网可控判定模型属于线性定常系统模型，又称为线性时不变系统，满足两个特性，线性（即叠加性）与时不变性。针对城市轨道交通客流网络控制问题，即在客流高峰时，如何辨识控流车站，使客流需求与网络能力均衡。将网络实施客流控制的时间段进行细分，在细分的时间段内，客流网络的拓扑连接是不变的，即系统的参数不随时间变化，因此，客流网系统在时间段内是定常的。其次本书研究的网络客流控制问题中，系统输入为实施控流的车站集合，而网络的状态（是否可控）则是这些车站实施控流后共同作用的结果。从系统模型角度分析，本书建立的客流网络可控模型中，客流网的输入为 $b_{ij}(t)$，表示是否实施控流措施，整个网络是否可控的输出也是由所有输入信号 $b_{ij}(t)$ 共同决定的。因此本书研究的客流网控流优化问题满足可叠加性。

第五节　城市轨道交通客流网络控流车站辨识方法

一、网络结构优化图方法

在网络控制中，Liu[84] 提出了一种最少驱动节点的方法控制网络，实验结果表明驱动节点的数量主要是由网络度分布决定。稀疏的异质型网络往往更难控制，稠密的同质型网络则仅需少数的驱动节点即可控制。稀疏性是指网络平均度远小于最大可能的连通度 N（网络节点数目），异质型网络不仅考虑网络的拓扑结构，而且还考虑网络中节点和边的内容属性信息。

将网络结构可控与图论相结合，运用边和点匹配的方法判断网络是否可控。图 7-4 中，通过给定输入信号 u_1、u_2、u_3，如果系统是可控的，则输入信号可以通过所有的路径到达所有的节点。如何将不可控网络转化为可控的网络，可通过网络的最少输入信号，即驱动节点，将其转化为图的匹配问题。可用二分图匹配点的方法，将网络中的各个节点进行匹配。匹配边是指任意两条有向边没有共同的顶点（头或尾节点），匹配点是匹配边的头节点。

如图 7-5 所示，确定一个有向网络最少外界输入的问题可转化为求解该网络的最大匹配问题。根据左边的系统结构图，将节点与节点之间的边与方程中的状态矩阵 A 对应，输入信号构成输入矩阵 B。在此结构系统中，当给定一个输入信号 u_1 时，可算出方程结果是不满秩，即系统不可控。

$$C = \left[B, AB, A^2B, A^3B\right] = b_1 \begin{bmatrix} 1 & 0 & 0 & 0 \\ 0 & a_{21} & 0 & 0 \\ 0 & 0 & a_{21}a_{32} & 0 \\ 0 & 0 & a_{21}a_{42} & 0 \end{bmatrix}$$

$$\text{rank}(C) = 3 < 4 \text{ 不可控系统}$$

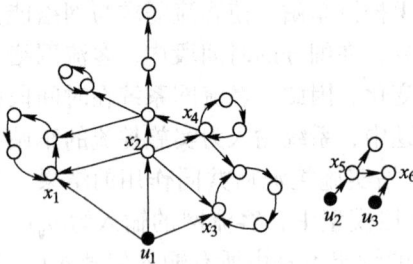

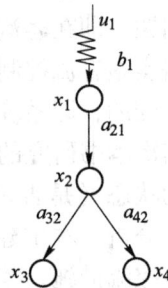

图 7-4　可控网络原理　　　　　图 7-5　系统结构不可控示意图

二、基于驱动节点匹配的控流车站辨识方法

本书的客流网驱动节点匹配方法是基于 Hopcroft 和 Karp[132] 的算法进行改进的。如果全网的所有边都没有共享头节点或尾节点，则称全网达到最大匹配。假如没有完全匹配，驱动节点的值 N_D 等于非匹配的节点数，对非匹配的节点给定输入信号，其可达所有的匹配点即可控制全网。即使选取不同的初始搜索匹配边，最终得到的最小驱动节点的个数也都是固定的。对于城市轨道交通客流网络，辨识突发事件下需要控流车站可转化为辨识客流网的驱动节点，使得网络处于可控状态。

针对城市轨道交通网络拓扑结构和客流特性，本书提出了基于驱动节点匹配的控流车站辨识方法。基于边匹配的方法，考虑了客流网控流车站备选集评价指标、进出站客流、客流需求和断面客流量与区间服务能力的关系。具体如下：

定义城市轨道交通客流网络 $G = (V, E)$，其中 V 为车站集合，E 为客流转移的区间，x_i^k 是度值为 k 的车站 i，$\eta_{j+1, j}$ 为车站 j 到车站 $j+1$ 在突发和常态条件下满载率的差值，A_i 为进站客流量，P 为度阈值，Q 为客流阈值，W 为进站客流量阈值，δ 为断面满载率的阈值。网络可控条件下最少驱动节点 $minN_D$，当前驱动节点数量 N'_D。如果 V 可分割为两个互不相交的子集 (A, B)，并且网络中的每条边关联的两个节点分别属于这两个不同的子集 (A, B)，则此图成为二分图。将 $G=(V,E)$ 转换为一个二分图 $D(V)=(A_V^+, A_V^-, \Gamma)$，其中 $A_V^+=\{x_1^+, x_2^+, \cdots, x_N^+\}$ 和 $A_V^-=\{x_1^-, x_2^-, \cdots, x_N^-\}$，$\Gamma=\{(x_j^-, x_i^-) \mid a_{ij} \neq 0\}$ 表示边集。

步骤1：选取某一初始匹配边 E_i。若 V 中的所有顶点都被 M 匹配，则表明 M 为一个完全匹配，返回，说明网络当前处于可控状态；否则，以所有未匹配顶点为源点进行一次广度优先搜索，标记各个点到源点的距离。

步骤2：从 V 中优先找到 $x_i^k \geqslant P$ 的未被 M 匹配的顶点 x_0，记 $S=\{x_0\}$。

步骤3：若 $N(S)=T$，则表明当前已经无法得到更大匹配，返回；否则取 $x'_0 \in N(S)$。

步骤4：若 x'_0 已经被 M 匹配则转步骤6，否则做一条 x_0 到 x'_0 的 M 增广路径 $P(x_0, x'_0)$，取 $M=M\Delta P(x_0, x'_0)$，优先选取与 x_0 相连邻接节点中综合指标值大的节点，$I_{ij} \geqslant Q$ 以及 $A_i \geqslant W$ 的节点。

步骤5：由于 x'_0 已经被 M 匹配，所以 M 中存在一条边 (x'_0, x''_0)，$S=S \cup \{x''_0\}$，$\Gamma=\Gamma \cup \{x'_0\}$，转步骤1；判断驱动节点是否是换乘节点，如果是，保留相连的换乘节点。

步骤6：如果当前驱动节点数量 $N'_D > minN_D$，删除客流量大于等于 Q 小于 $(Q+d_1)$ 的头节点，以客流量差为 d_1 逐次迭代删除；删除进站客流量小于 W 人的节点，以客流量差为 d_2 进行迭代删除；删除突发和常态情况下断面满载率差绝对值小于 x 的节点，以客流量差为 d_3 进行迭代删除；直到 $N'_D = minN_D$，生成新的限流车站集合。

上述搜索过程是以 t 为一个周期，随着控流策略的实施和客流量的减少，可以重复上述过程，减少或更换控流节点，形成次高峰条件下的控流方案。

第六节　实证分析

一、北京城市轨道交通网络特性分析

根据 2017 年 11 月北京城市轨道交通列车运行时刻表和客流 OD 数据提取，以及城市轨道交通车站及车站之间的连接关系，本书构建的北京城市轨道交通客流网中共有 288 个车站（不包括重复计算换乘站）、18860 条边，平均度为 72.2。节点度值和相关度值的车站数量如图 7-6 所示。度值在 24、36、44、68、88 车站数量较多，大部分车站度值分布较低并且相对集中，90% 的节点度值在 100 以内。从图 7-7 中的累积度分布可以得出，北京城市轨道交通客流网符合幂律分布，属于无标度网络。

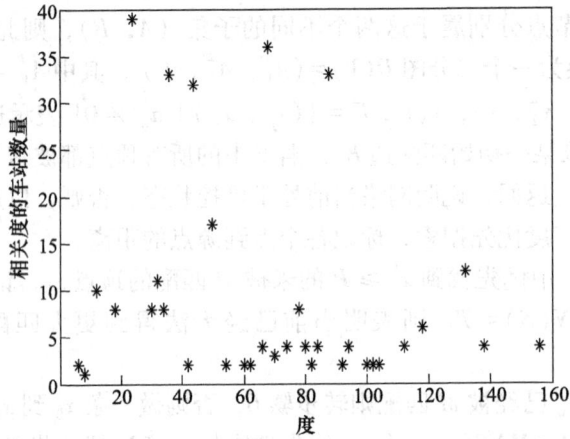

图 7-6　北京城市轨道交通客流网车站度分布

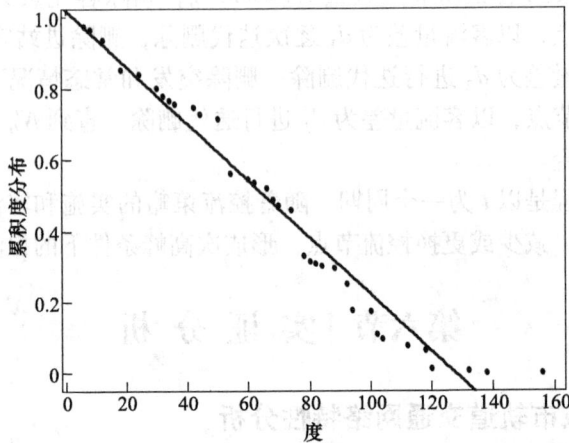

图 7-7　北京城市轨道交通客流网累积度分布

　　车站强度间接反映了车站的服务能力。图 7-8 所示为北京城市轨道交通客流网强度分布。经统计，4.6% 的车站强度大于 15000，88.2% 的车站强度小于10000。表明车站节点强度分布极为不匀，承载大客流量的车站通常为换乘方便的节点，这些车站也加强了网络的通达性。

　　通过计算得到北京城市轨道交通客流网的平均聚集系数为 0.563，表现出较

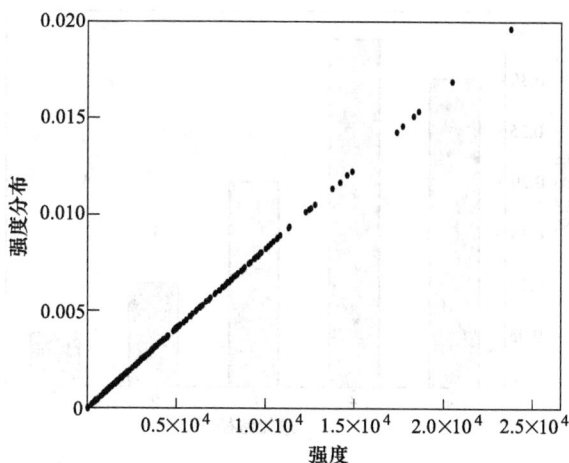

图 7-8 北京城市轨道交通客流网强度分布

高的聚集性,图 7-9 所示为北京城市轨道交通客流网聚集系数分布。从图中可以看出,各个车站与相邻车站的连接程度高,聚集系数为 1 的都是度值很低的车站,因此度值与车站聚集系数的关系呈现负相关特性。

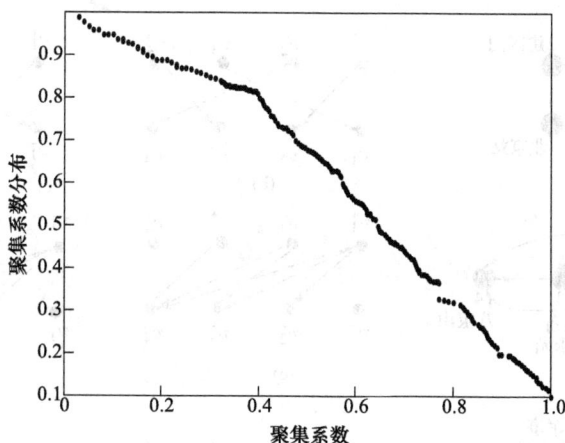

图 7-9 北京城市轨道交通客流网聚集系数分布

城市轨道交通客流网的平均网络距离间接反映了乘客出行的换乘次数。北京城市轨道交通客流网最短路径长度分布如图 7-10 所示。客流网的平均最短路径长度为 1.69,表明乘客平均经过 1.69 次换乘即可到达目的地。从图 7-10 中可以看出,换乘在 3 次以内达到 84%。

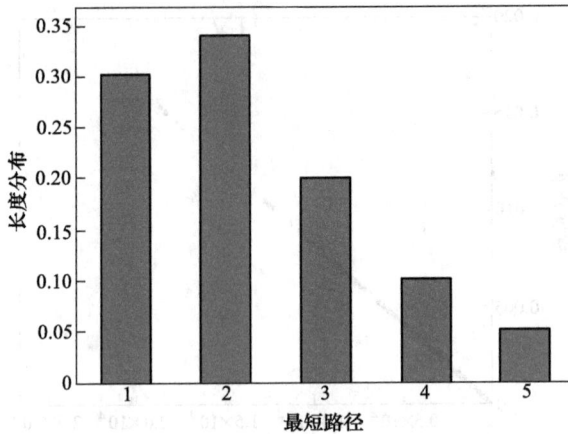

图 7-10　北京城市轨道交通客流网最短路径长度分布

二、简单局部客流网可控性案例

选取北京地铁的局部站点构成的小网络验证可控性评判方法，此处不考虑具体的客流量大小，只要与站站之间有客流转移即为边，如图 7-11 所示。

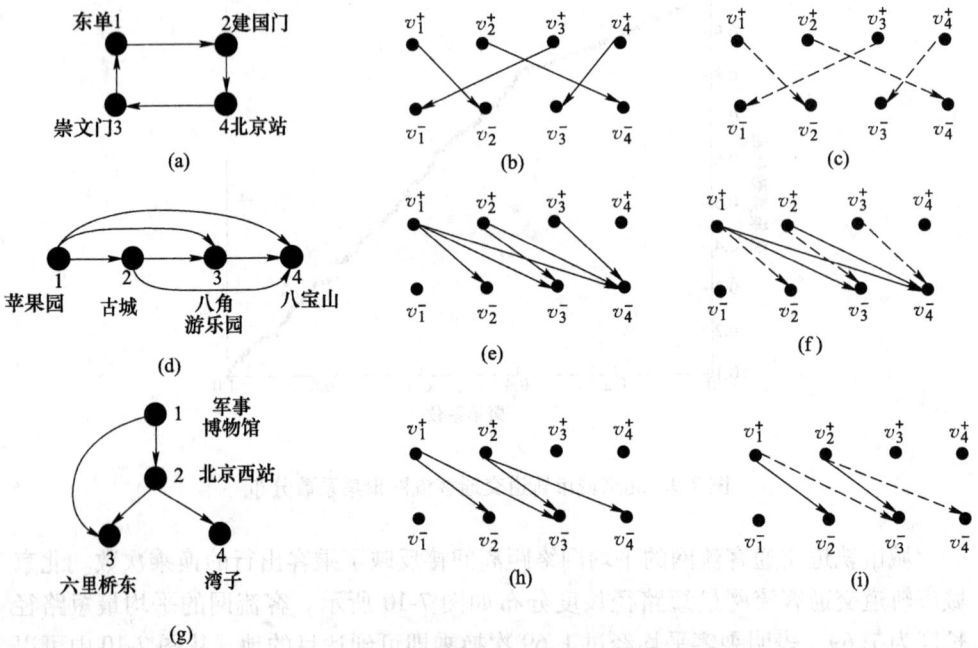

图 7-11　局部客流网络可控性判定方法示例

图 7-11（a）中选取了北京地铁 1 号线上的东单、建国门，2 号线的北京站和 5 号线的崇文门站。这 4 个车站节点构成的客流网转换成的二分图如图 7-11（b）所示。v_1^+ 和 v_1^- 为东单站，v_2^+ 和 v_2^- 为建国门站，v_3^+ 和 v_3^- 为北京站，v_4^+ 和 v_4^- 为崇文门站。箭头代表客流的转移方向，此案例只考虑单方向的客流流向。该小网的最大匹配边为如图 7-11（c）所示的二分图里的虚线匹配边。根据最大匹配边的结果，可以看出 v_1、v_2、v_3 和 v_4 是网络的匹配点，非匹配节点数量为 0，即驱动节点 N_D 为 0。

图 7-11（d）中选取了北京地铁 1 号线上的苹果园、古城、八角游乐园和八宝山站。这 4 个车站结点构成的客流网转换成的二分图如图 7-11（e）所示。v_1^+ 和 v_1^- 为苹果园站，v_2^+ 和 v_2^- 为古城站，v_3^+ 和 v_3^- 为八角游乐园站，v_4^+ 和 v_4^- 为八宝山站。因为 4 个节点都在 1 号线上，所以站站之间都有 OD 客流。该小网的最大匹配边为如图 7-11（f）所示的二分图里的虚线匹配边。v_2、v_3、v_4 为匹配节点，非匹配节点为 v_1，因此驱动节点 N_D 为 v_1。

图 7-11（g）中选取了北京地铁 9 号线上的军事博物馆、北京西站、六里桥东站和 7 号线的湾子站。这 4 个车站节点构成的客流网转换成的二分图如图 7-11（h）所示。v_1^+ 和 v_1^- 为军事博物馆站，v_2^+ 和 v_2^- 为北京西站，v_3^+ 和 v_3^- 为六里桥东站，v_4^+ 和 v_4^- 为湾子站。该小网的最大匹配边为如图 7-11（i）所示的二分图里的虚线匹配边。v_3 和 v_4 为匹配节点，非匹配节点为 v_1 和 v_2，因此驱动节点 N_D 为 v_1 和 v_2。

算例表明不存在交叉结构的环线或者直线，所需要的驱动节点比较少。但是地铁客流网多存在三叉结构及十字架结构，此类结构客流网的不匹配节点较多，需要的驱动节点也更多。

三、北京城市轨道交通客流网可控性案例

截止到 2017 年 11 月，北京地铁路网规模包括 22 条线路，车站共计 288 座（不包括换乘站重复计算）。为了方便计算，以北京地铁全网为例，首先构建一个基础数据库，如图 7-12 所示。

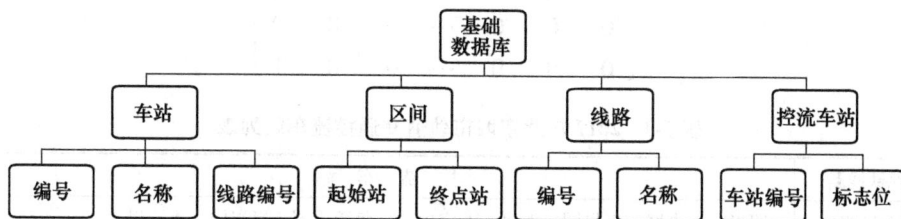

图 7-12　基础数据库示意图

　　节点与节点之间的边是有向的，方向为客流的输送方向。本案例使用的客流数据为 2017 年 11 月 28 日北京市轨道交通路网早高峰客流数据。依据区间基础数据及客流 OD 数据可得到状态矩阵 a 为一个 18860×18860 矩阵：

$$a = \begin{bmatrix} 0 & 65 & 178 & 137 & \cdots & \cdots & 0 \\ 51 & 0 & 48 & 49 & \cdots & \cdots & 88 \\ 47 & 15 & 0 & 16 & 114 & \cdots & 45 \\ 77 & 46 & 31 & 0 & 158 & \cdots & 53 \\ \vdots & \vdots & \vdots & \vdots & \ddots & \vdots & \vdots \\ \vdots & \vdots & \vdots & \vdots & & \ddots & \vdots \\ 0 & 132 & 46 & 133 & \cdots & \cdots & 0 \end{bmatrix} \tag{7-13}$$

　　根据常态条件下的 OD 数据对比，我们选取的阈值 k 为 75。矩阵可转变为：

$$a = \begin{bmatrix} 0 & 0.94 & 1 & 1 & \cdots & \cdots & 0 \\ 0.74 & 0 & 0.70 & 0.71 & \cdots & \cdots & 1 \\ 0.68 & 0.22 & 0 & 0.23 & 1 & \cdots & 0.65 \\ 1 & 0.67 & 0.45 & 0 & 1 & \cdots & 0.77 \\ \vdots & \vdots & \vdots & \vdots & \ddots & \vdots & \vdots \\ \vdots & \vdots & \vdots & \vdots & & \ddots & \vdots \\ 0 & 1 & 0.67 & 1 & \cdots & \cdots & 0 \end{bmatrix} \tag{7-14}$$

　　b 矩阵为由控流车站构成的输入矩阵，各线实际控流车站见表 7-3。由于突发场景为早高峰，所以控流车站中去除五道口、亮马桥、三元桥、金台夕照、朝阳门、复兴门、永安里、呼家楼、金台路、丰台科技园、北土城、动物园、团结湖和知春路，因为这些站都是晚高峰实行控流的车站，则 b 矩阵变换为一个由 0 和 1 构成的 18860×65 的矩阵：

$$b = \begin{bmatrix} 1 & 0 & 0 & \cdots & \cdots & 0 & 0 \\ 0 & 1 & 0 & \cdots & \cdots & 0 & 0 \\ 0 & 0 & \ddots & & & \vdots & \vdots \\ \vdots & \vdots & \vdots & \ddots & & 1 & 0 \\ \vdots & \vdots & \vdots & & \ddots & 0 & 0 \\ 0 & 0 & 0 & \cdots & \cdots & 0 & 0 \\ 0 & 0 & 0 & \cdots & \cdots & 0 & 1 \end{bmatrix} \tag{7-15}$$

表 7-3　2017 年北京城市轨道交通控流车站列表

地铁线路	控　流　车　站
1 号线	四惠东、古城、苹果园、四惠、八宝山、八角游乐园、复兴门、永安里
八通线	传媒大学、双桥、管庄、八里桥、通州北苑、果园、九棵树、梨园、临河里

续表7-3

地铁线路	控 流 车 站
2 号线	朝阳门
4 号线	公益西桥、角门西、北京南、宣武门、动物园
5 号线	天通苑北、天通苑、天通苑南、立水桥、立水桥南、北苑路北、大屯路东、东四、惠新西街北口、惠新西街南口、蒲黄榆、东单、崇文门、刘家窑、宋家庄、雍和宫
6 号线	朝阳门、呼家楼、金台路、十里堡、青年路、褡裢坡、黄渠、常营、草房、物资学院路、北运河西、通州北关
7 号线	菜市口、磁器口
8 号线	回龙观大街
9 号线	北京西站、六里桥东、丰台科技园
10 号线	劲松、双井、亮马桥、三元桥、国贸、金台夕照、北土城、团结湖、十里河、潘家园
13 号线	上地、霍营、回龙观、龙泽、五道口、知春路
14 号线	金台路
昌平线	西二旗、朱辛庄、生命科学园、沙河、沙河高教园
亦庄线	旧宫
大兴线	西红门

通过 Kalman 可控性秩判定条件计算可得，rank(c) = 13853，小于 18860，说明系统是不可控的。由于地铁网存在数量较多的换乘站点，尤其是存在 2 条甚至更多的线路通过换乘车站。根据最大匹配理论，换乘站节点周围不匹配节点较多，驱动节点数量不够，所以网络不可控。

基于驱动节点匹配的控流车站辨识方法对不可控的客流网进行控制，可得所需的驱动节点与节点比例关系如图 7-13 所示。

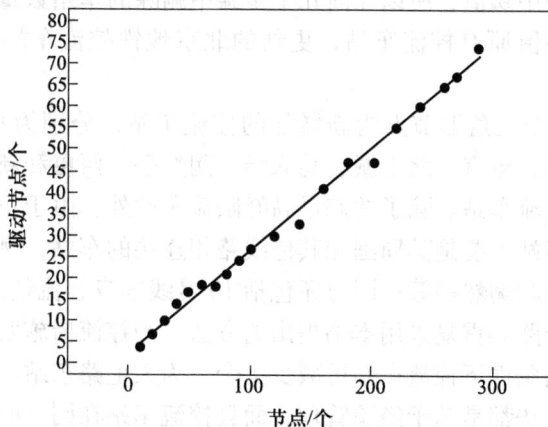

图 7-13　可控的客流网驱动节点与节点比例关系

从图 7-13 中可见，驱动节点与节点比例趋于线性分布。计算可得当比例趋近 25.7%，即当驱动节点个数为 74 时，北京城市轨道交通客流网即为可控。从网络可控性角度，建议北京城市轨道交通增加驱动节点数量，提高其可控性，改进目前控流组织策略。

通过对城市轨道交通网络特性与控流车站驱动节点搜索的相关性分析得出，度阈值 P 取值为 4，客流阈值 Q 取值为 69，进站客流量阈值 W 为 50，时间周期 t 为 10min，断面满载率阈值 δ 为 0.05，转移客流量差值 d_1 取值为 5，进站客流量差值 d_2 取值为 3，满载率差值 d_3 为 0.05。通过层次分析法（AHP）得到客流网中控流车站集合备选集综合指标函数的权重为 $\alpha_1 = 0.31$，$\alpha_2 = 0.38$，$\alpha_3 = 0.19$ 和 $\alpha_4 = 0.12$。最小驱动节点集合搜索删除节点过程趋势如图 7-14 所示。

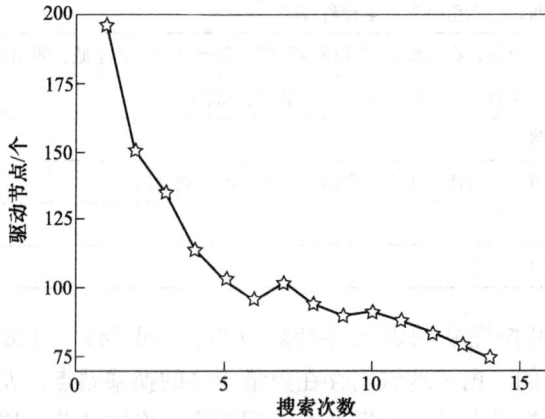

图 7-14　删除驱动节点趋势

从删除驱动节点趋势图中发现整个趋势是先急后缓的，大部分车站的车站客流量并没有达到最小阈值，所以在前几个步骤中删除的车站数量比较多。在整个删除过程中尽量保留原有控流车站，更新的北京地铁控流车站拓扑图如图 7-15 所示。

图 7-15 中 10 个三角形节点为新增加的控流车站，分别为呼家楼、知春路、金台夕照、芍药居、望京、北土城、马家堡、陶然亭、西单和新宫。空心圆圈节点为删除的原有控流车站。除了常态早高峰限流车站外，由于角门东发生突发事件，新增的控流车站主要是其周围和其他线路相连接的车站，例如宋家庄、马家堡、新宫、菜市口和陶然亭等；同时还包括 10 号线本身客流量大且复杂的车站，例如北土城、知春路。重复采用本书提出的方法，当控流措施实施 4 个时间周期后，在系统可控的条件下控流车站可减少 1 个，为大屯路东站。

目前的控流方法都是基于经验管理，而且控流车站在同一时间段也基本上是固定不变的。随着控流措施的实施某些车站客流量除了减少外，可能会出现次高

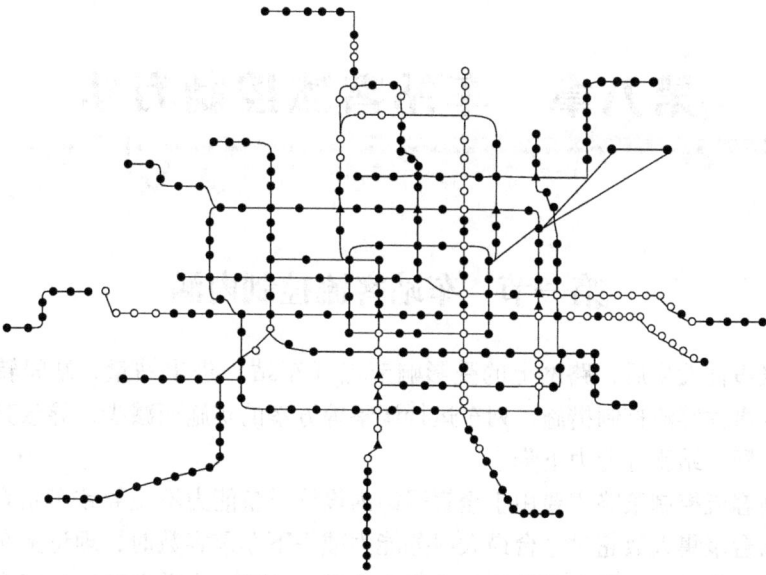

图 7-15　网络可控条件下北京地铁控流车站分布

峰状态，控流车站及控流措施的实施应该是一个动态变化的过程，因此控流车站的选取及控流时间的控制也应该是时变的。

第八章 车站客流控制方法

第一节 车站客流控制内涵

突发事件发生后，路网上的受影响节点（车站）进出站量、站间转移量会随着突发事件客流控制措施、列车运行调整等方案的实施而减少，导致其客流量也减少，即车站服务能力下降。

车站客流控制策略主要用于缓解因站内设施设备能力不足导致车站客流的拥挤。当站台聚集人数超过站台最大服务能力减去下车乘客数时，理论上车站将启动客流控制策略，减缓乘客进站的速度和人数。《城市轨道交通运营安全管理规范》中指出当车站客流量达到或超过车站承载能力70%时，车站将采取控流、封站等措施。车站客流控制是站内优化的具体表现，角度不同，优化的内容和结果也不同。突发事件条件下从管理者角度是尽快疏解受影响站点，将设施设备服务能力最大化，实现客流最快速的转移；从服务水平角度，尽量减少站内乘客的平均等待时间等。

从控制范围及策略角度，城市轨道交通客流控制分为车站、线路和网络三类策略，无论采取何种策略，车站均是客流控制的具体执行单元。通过分析北京、上海、广州的控流经验，当前，车站控制遵循"三级控制"过程，即以站厅通往站台的楼梯口、进站闸机、车站入口为三级控制点，如图8-1所示。

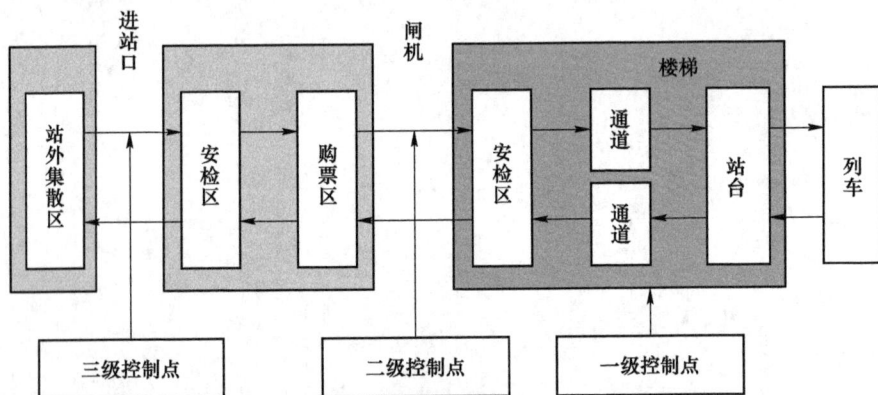

图 8-1 车站三级客流控制示意图

一、一级控制（限）

一级控制是客流控制的最低警戒等级。当站台客流拥挤超过预警阈值时，通过对进入站台的楼梯口进行控制，从而减少进入站台的客流量。一级控制采用的措施包括：加强车站客运组织，减少客流交织、紊乱引起的拥挤，加快出站客流的流出；组织乘客有序进入站台，封闭部分进入站台的通道或分批放行乘客；控制电梯速度或关闭电梯，有序设计客流流线等。当站台候车乘客数量达到一定规模时，为缓解客流拥挤程度，确保乘客安全和车站客流的有序组织，启动站台层客流控制。即在连接站厅或站台的通道或楼梯（或自动扶梯）口处设置控制点，通过采取设置隔离围栏、警戒绳以及调整楼梯（或自动扶梯）通行方向等措施，控制进入站台候车的乘客数量。

二、二级控制（控）

当站内客流拥挤持续严重，不仅站台拥挤，而且通道及付费区客流密度持续增加时，应启动二级控制策略。二级控制点为闸机，常采用的控制措施包括关闭闸机、减缓售票及安检速度、关闭自动售票机等。若在站台客流控制模式下，客流仍有继续增大的趋势，则启动站厅层付费区客流控制。即在进站闸机处设置控制点，通过适时控制进站闸机的开放数量，减缓售检票速度，限制进入站厅层付费区的乘客数量。

三、三级控制（封）

当二级控制不能有效缓解站内拥挤时，则启动三级客流控制策略。三级控制点为车站进出站口，主要采用的措施为分批放行、设置导流围栏、关闭进站口。若站厅层付费区客流控制仍不能有效缓解客流压力，则启动站厅层非付费区及站外控制。即在车站出入口设置控制点，通过采取设置迂回的控流隔离栏杆、控制部分出入口单向使用（只出不进）或关闭部分入口等措施，缓解乘客进入车站的速度或进入车站的乘客数量。

目前我国城市轨道交通突发事件发生后，不论对于管理者还是服务对象（乘客），不可回避的就是安全问题。对于乘客来说，突发事件的产生、发展本身就存在安全隐患，而且如今服务对象个人风险安全意识已经越来越强了。对于管理者来说，工作重点是安全，在实施客流控制或疏散等一系列应急措施的过程中，最终目的就是保证受影响损失和风险隐患降到最低。常态条件下，不论管理者还是服务对象（乘客），都更强调服务的概念；突发条件下，服务的概念减弱，安全隐患的概念上升。乘客不那么关心计较多等一分钟或少等一分钟，而是希望在安全的前提下尽快到达目的地。

本书车站客流控制目标是以车站为研究对象，在给定服务水平条件下，使乘客在安全风险最小的情况下尽快上车。

第二节　车站客流控制方法

我国地铁车站按层次划分可分为出入口层、设备层、站厅层和站台层，是提供乘客换乘、候车和乘降的场所。按区域划分可分为公共区、内部管理及设备区。其中公共区主要包括站台、通道、楼梯、扶梯、站厅（售检票厅）、出入口等，这些区域主要保证客流完成集散、售检等过程。内部管理及设备区主要包括管理设施设备房、通风道等运行管理设备区域。由于车站地理位置条件、客流需求大小和所处路网位置的不同等原因，其结构特点和提供的服务能力也不同。

车站客服设施设备依据客流需求合理地分布于车站各个节点，在运营工作人员有效组织，站内客服设施设备联合共同作用下保证乘客安全进出车站和实现换乘过程。假设乘客已购票，车站乘客进出站流程如图8-2所示。

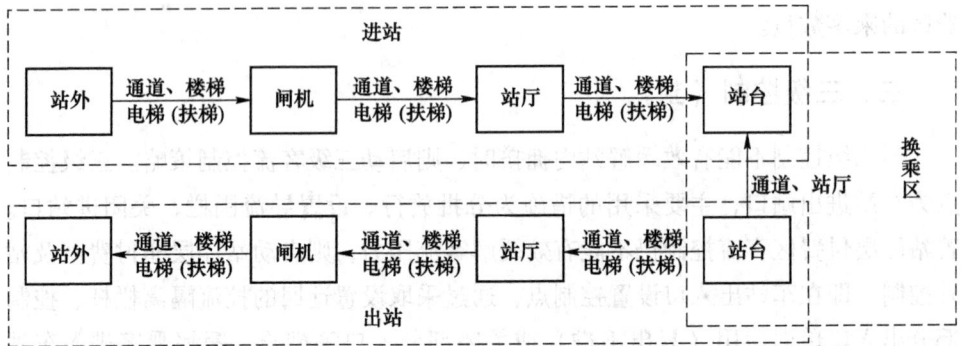

图 8-2　车站乘客进出站流程示意图

城市轨道交通车站是一个由各类服务设施设备连接构成的以实现站内客流流动的场所。系统内的主体包括乘客、列车、各类设施设备，彼此之间是复杂关联交互的。车站客流组织分为进站客流组织和出站客流组织。本书研究的车站客流控制主要针对的是进站客流组织。常态情况下，乘客从同一进站口到达同一站台的走行过程中，乘客可能选择不同的路径到达目的地。如图8-2所示，乘客在不同区域转移时可以选择楼梯、扶梯或升降电梯，不同的设施设备导致的路径也各不相同。突发条件或高峰条件下，乘客的走行会受到工作人员运营组织的导向约束和设施设备的限制形成较为统一的路径，从而减小高峰或突发情况下的风险值，保障乘客安全。

本书主要研究乘客从进站到站台的行为，早晚高峰时的进站客流主要为通勤客流，乘客乘坐地铁的目的主要是希望快速到达目的地。因此乘客的目标为较小的站内通行时间，即进站乘客从进站到站台上车的时间较短。车站实施客流控制的过程中，直接影响了乘客进站时间，同时进站乘客在站内走行特征和状态也对管理者控制措施的制定和实施有影响。

将车站及设施设备构建成服务网，不是仅仅只考虑乘客进站和上车两个状态，而是要考虑乘客从进站到上车的整个走行过程，包括客流控制形成的排队前、排队中及排队后的情况。研究内容具体如图8-3所示。

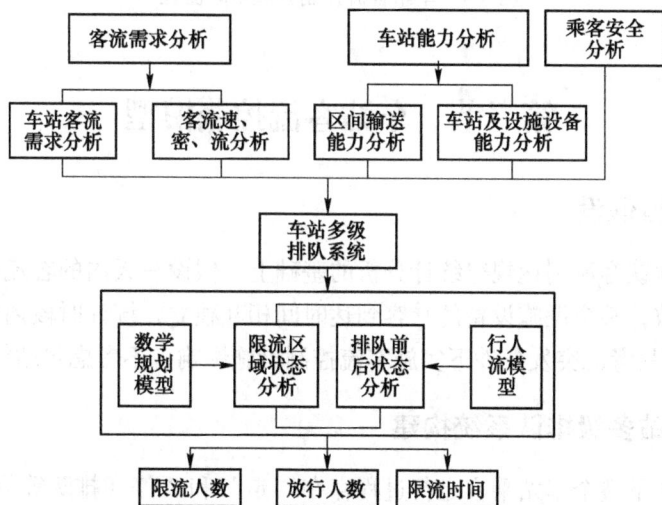

图 8-3　车站客流控制方法

车站客流控制是在客流状态实时监测并实时调整控制参数的基础上建立的，其特点是以实时客流状态为基础，当客流量一旦达到设定阈值时就采取控制措施，调节客流流入量，从而保持设备处于安全服役状态。

对于运营管理者，可根据路网车站建筑结构、车站设备设施以及车站客流特征等因素进行综合考虑，判断控制级别，按照一定的流程制定车站客流控制分级策略。具体车站客流控制分级策略流程如图8-4所示。

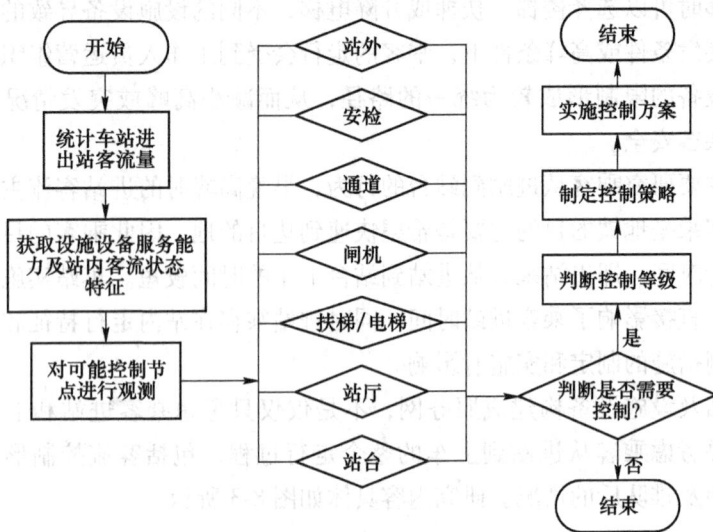

图 8-4　车站客流控制分级策略流程

第三节　车站客流控制模型

一、模型假设

在北京地铁客流到达规律统计分析的基础上，假设一天内的客流到达量近似地是连续函数，某个设施设备的乘客到达时间相互独立，统计时段内服从泊松分布[133]。本书只考虑突发条件下实施客流控制措施影响，不考虑封站等情景。

二、车站多级排队系统构建

突发条件下整个车站乘客走行过程存在"走"和"停（排队等待）"两个状态。"走"存在于相邻的客服设施设备之间，指乘客从一个客服设施设备走行到下一个客服设施设备之间的有效路径。"停"指乘客在控流客服设施设备的排队等待过程。因此，根据乘客从站外进站（不考虑购票状态）到站台整个走行过程，将车站内存在实施控流的客服设备及其彼此之间的连接抽象成一个多级排队系统。

控流区域定义为以控流服务设施设备到可容纳控流排队队伍末端的区间。排队体现了乘客进站过程按时间先后顺序通过各种客服设备的状态，因此各客服设备之间存在先后的服务时间，整个走行经过的控流客服设备也存在时序关系。因此，车站进站客流控制多级排队系统具有时间、空间特性。在控流区域定义的基础上，车站进站客流控制多级排队系统包含了两大过程，一个是在控流区域形成的排队过程，另一个是乘客在相邻两个控流区域的走行过程。本书在多级排队系统研究基础上，针对这两个过程进行合理优化，在保证乘客安全的前提下减少乘客的等待时间。

目前我国城市轨道交通车站进站客流控制实施的地点主要包括站外、闸机、站厅、扶梯、通道等服务设施设备。图 8-5 所示为一个车站可能包括的控流地点，在目前我国实际车站控流实施中，一般最多 3 个节点实施控流，即通常所说的三级控流，一般情况下实施一个节点控流的车站较多。多级控流实施车站较少，通常也是特殊条件下才会实施。

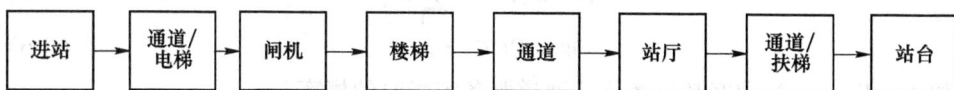

图 8-5 车站进站客流控制区域示意图

车站客流控制多级排队系统中，每一个控流区域为一个子排队系统。假设每个控流区域乘客到达时间相互独立，且到达规律满足泊松分布，即到达率为 P。突发情况下，随着列车降级运行，站内滞留人数增多，造成进站队伍拥挤，传统经典的排队模型 M/M/C/C 并不能很好地体现排队拥挤的特点。本书针对各控流区域设施设备特点，选用状态依赖 M/G/C/C 模型，更好地反映乘客在不同控流设施设备内的服务时间与其拥挤状态之间的关系，较为准确地描述多级排队服务特性及其拥堵发生的概率。

将车站所有的控流设备设施抽象为多个服务台的排队过程，车站控流区域所属服务台包括站外、闸机、楼梯、通道、站厅，每个控流区域抽象为一个服务台。乘客通过这些服务台的时间等于乘客从排队起始点到通过该设备的全部走行时间，可用 M/G/C/C 模型对其描述。相关指标如下：

假设楼梯或通道排队系统中有 n 名乘客的概率为 p_n，计算如下[59,134]：

$$p_n = \left\{ \frac{[\lambda E(T_1)]^n}{n! \, f(n)f(n-1) \cdots f(2)f(1)} \right\} p_0, \quad n = 0,1,2,\cdots,c \tag{8-1}$$

式中　λ ——楼梯或通道乘客到达率，人/s；

　n ——楼梯或通道中的乘客数量；

　$f(n)$ ——楼梯或通道中 n 个乘客的服务率，且 $f(n) = V_n/V_1$；

　V_1 ——楼梯或通道中单个乘客的平均走行速度，m/s；

　V_n ——楼梯或通道中 n 个乘客的平均走行速度，m/s；

　$E(T_1)$ ——单个乘客的期望服务时间，且 $E(T_1) = l/V_1$；

　l ——楼梯或通道的空间长度，m。

p_0 为楼梯或通道中没有乘客的概率，计算表达为：

$$p_0^{-1} = 1 + \sum_{i=1}^{c} \left\{ \frac{[\lambda E(T_1)]^i}{i!\ f(i)f(i-1)\cdots f(2)f(1)} \right\} \tag{8-2}$$

式中　c ——整个楼梯或通道排队系统的容量，人，$c \leqslant klw$ ；

　　　k ——楼梯或通道客流密度，人/m^2 ；

　　　w ——楼梯或通道的空间宽度，m。

M/G/C/C 排队模型性能指标如下：

$$P_c = P_r\{N = c\} \tag{8-3}$$

$$\theta = \lambda(1 - P_c) \tag{8-4}$$

$$L = E(N) = \sum_{i=1}^{c} iP_i \tag{8-5}$$

$$W = E(T) = L/\theta \tag{8-6}$$

式中　P_c ——当乘客超过楼梯或通道服务容量时的概率；

　　　θ ——每秒输出的人数，即输出率，人/s；

　　　L ——楼梯或通道中期望的乘客数，即 $E(N)$ ；

　　　W ——乘客期望服务时间，即 $E(T)$ ，s。

　　在进站客流控制多级排队系统中，模型中的每一级系统都可采用 M/G/C/C 或 M/C/C 排队系统描述，站外进站到达的第一个控流区域的乘客为系统的输入，上车的人数为系统的输出，如图 8-6 所示。

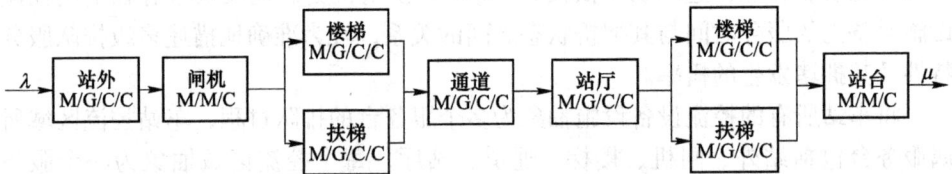

图 8-6　进站客流控制多级排队系统

　　将乘客进站过程抽象为两个状态（控流区域状态和控流区域之间乘客的走行状态）进行分析。车站进站客流控制多级排队系统在这两个状态之间进行优化分析，在服务能力给定的条件下，优化整个进站过程，减少乘客的平均等待时间。

三、控流区域状态分析

（一）乘客安全损失值

　　乘客安全损失值指乘客在控流区域和在控流区域之间走行过程中的风险值。

　　乘客安全损失值体现了在设施设备服务水平给定的条件下乘客在控流区域的风险程度，损失安全值越小，说明拥挤程度越小，风险程度越小；反之损失安全值越大，则拥挤程度越大，风险程度也越大。车站各控流区域乘客安全损失值的指标见表8-1。

表8-1　各控流区域乘客安全损失值的指标

控流区域	指标	控流区域	指标
通道	客流密度/人·m^{-2} 平均步行速度/m·min^{-1} 单位宽度客流流率/人·(m·min)$^{-1}$	闸机/安检	速度/m·s^{-1} 平均排队人数/人
扶梯	人均占用面积/m^2·人$^{-1}$ 平均排队人数/人 速度/m·s^{-1}	楼梯	人均占用面积/m^2·人$^{-1}$ 流量/人·(m·min)$^{-1}$ 速度/m·s^{-1}
站厅	客流密度/人·m^{-2} 平均步行速度/m·min^{-1}	站台/站外	客流密度/人·m^{-2} 平均排队人数/人 人均占地面积/m^2·人$^{-1}$

由表8-1可以看出，评估计算各控流区域乘客安全损失值时选取从不同角度反映乘客安全状态的指标进行评估。设定一个统计时段粒度为列车的发车间隔时间，在一个统计时段内的不同小时段$t_k(k=1,2,\cdots,m)$的各控流区域乘客损失安全测度指标构成的原始评估矩阵X'为：

$$X'=\begin{bmatrix} x_1'(t_1) & x_2'(t_1) & \cdots & x_n'(t_1) \\ x_1'(t_2) & x_2'(t_2) & \cdots & x_n'(t_2) \\ \vdots & \vdots & x_i'(t_k) & \vdots \\ x_1'(t_m) & x_2'(t_m) & \cdots & x_n'(t_m) \end{bmatrix} \tag{8-7}$$

式中，$x_i'(t_k)$为t_k时刻第i个指标的属性值，$i=1,2,\cdots,n$，n是指标的数目。

由于指标类型不同，因此取值范围也不相同。为了消除各类指标之间的量纲并统一各指标的变化范围，对各指标进行归一化处理，使得处理后的指标取值范围均在[0,1]之间。进行归一化处理时，将指标分成两大类。

当属性值越小越好时，无量纲化处理为：

$$x_i(t_k)=\frac{x_i^{\max}-x_i'(t_k)}{x_i^{\max}-x_i^{\min}} \tag{8-8}$$

当属性值越大越好时，无量纲化处理为：

$$x_i(t_k)=\frac{x_i(t_k)-x_i^{\min}}{x_i^{\max}-x_i^{\min}} \tag{8-9}$$

式中　$x_i^{\max}$——各时刻第i个风险指标的最大值；

　　　$x_i^{\min}$——各时刻第i个风险指标的最小值。

通过上述方法将控流区域内乘客损失安全指标进行处理后得到归一化矩阵X：

$$X = \begin{bmatrix} x_1(t_1) & x_2(t_1) & \cdots & x_n(t_1) \\ x_1(t_2) & x_2(t_2) & \cdots & x_n(t_2) \\ \vdots & \vdots & x_i(t_k) & \vdots \\ x_1(t_m) & x_2(t_m) & \cdots & x_n(t_m) \end{bmatrix} \quad (8\text{-}10)$$

在一个统计时段内某个控流区域乘客安全损失值是由多个指标共同决定的，通过确定同一时段内各指标的权重，计算出统计时段控流区域乘客安全损失值。权重的确定方法大体上分为主观赋值法和客观赋值法两种。主观赋值法指依据专家知识经验主观判断确定，如主观加权法、专家调查法（Delphi）、层次分析法（AHP）、比较加权法、多元分析法和模糊统计法等；客观赋值法指测评指标由测评过程中的实际数据得到，如均方差法、主成分分析法、熵权法、CRITIC 法等。这两类方法各有优缺点，本书采用的是客观赋值法中的熵权法。

根据信息论中信息熵的定义，数据的信息熵为：

$$E_j = -\ln(n)^{-1} \sum_{i=1}^{n} p_{ij} \ln p_{ij} \quad (8\text{-}11)$$

其中

$$p_{ij} = x_{ij} \Big/ \sum_{i=1}^{n} x_{ij}$$

通过信息熵计算各指标的权重为：

$$w_i = \frac{1 - E_i}{k - \sum E_i} \quad (i = 1, 2, \cdots, k) \quad (8\text{-}12)$$

（二）控流区域模型

客流控制区域主要是针对排队乘客的控制，在单位发车间隔内保证乘客安全的前提下让乘客更快地乘车。

车站控流区域模型示意图如图 8-7 所示。图中每一个小方块代表车站内实施控流的区域，整个系统的输入为 λ_1，即进站人数；输出为 μ，即上车人数。以车站内客流为研究对象，在客服设备能力与需求匹配的条件下，以乘客安全损失值最小化为目标，优化控流人数和放行人数。

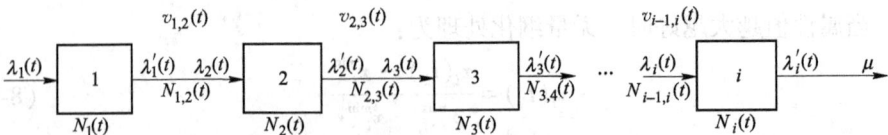

图 8-7　车站控流区域模型示意图

$N_{i-1,i}(t)$ —t 时段内控流区域 $i-1$ 和 i 之间走行区域乘客数量；$\lambda_i(t)$ —t 时段内控流区域 i 的流入人数；$\lambda'_i(t)$ —t 时段内控流区域 i 的放行人数；$v_{i-1,i}(t)$ —t 时段内控流区域 $i-1$ 和 i 之间走行区域乘客速度；μ —上车人数以乘客安全损失值最小化为目标建立目标函数：

$$\min \sum_{t=1}^{T} \sum_{i=1}^{m} \frac{S_i N_i^2(t)}{C_i} \tag{8-13}$$

式中　S_i——t 时段内乘客在车站内控流区域 i 内的损失安全值；

　　　$N_i(t)$——t 时段内车站内控流区域 i 的乘客数量；

　　　C_i——t 时段内控流区域 i 的服务能力。

　　在乘客进站的过程中，依据连续交通流理论流量守恒原理，当前控流区域 $N_i(t)$ 的乘客人数是由上一个单位时间内该区域滞留的人数加上本区域与相邻两个区域放行人数之差。具体模型约束条件如下：

$$\text{s.t. } N_i(t) = N_i(t-1) + \dot{N}_i(t) = N_i(t-1) + \lambda_i(t) - \lambda_i'(t)$$
$$\forall t > 1, i = 1, 2, 3, \cdots, m \tag{8-14a}$$

$$\lambda_i'(t) \leqslant N_i(t-1) \tag{8-14b}$$

$$0 < \lambda_i'(t) \leqslant \mu \leqslant q_m \tag{8-14c}$$

$$N_i(t) > 0 \tag{8-14d}$$

$$\lambda_1(t) = a \tag{8-14e}$$

$$q_m = f e \xi - x_i - p_d \tag{8-14f}$$

式中　q_m——列车剩余承载力；

　　　a——进站人数；

　　　f——发车频率；

　　　e——列车最大载客量；

　　　ξ——列车单位时间内线路的最大满载率；

　　　x_i——单位时间路段的断面客流量；

　　　p_d——该车站的下车人数。

　　下车人数可以根据 OD 客流量及其到达 D 的比例计算得到，继而求出该车站的上车人数。

　　控流区域服务能力 C_i 的计算本书只考虑静态能力计算，基于《地铁设计规范》城市轨道交通车站内各服务设施设备的静态能力计算模型如下[133]。

　　（1）闸机通过能力 C_z：

$$C_z = n_{z1} c_{z1} + n_{z2} c_{z2} \tag{8-15}$$

式中　n_{z1}，n_{z2}——分别为自动检票闸机和人工检票口的数量；

　　　c_{z1}，c_{z2}——分别为单个自动检票闸机、人工检票口的通过能力。

　　（2）楼梯通过能力 C_{lt}：

$$C_{lt} = w_{df} c_{df} + w_{uf} c_{uf} + w_{bf} c_{bf} \tag{8-16}$$

式中　w_{df}，w_{uf}，w_{bf}——分别为下行、上行、双向楼梯的宽度；

　　　c_{df}，c_{uf}，c_{bf}——分别为下行、上行、双向楼梯的单位通过能力。

（3）自动扶梯通过能力 C_{elev}：

$$C_{\mathrm{elev}} = n_{\mathrm{elev1}} c_{\mathrm{elev1}} + n_{\mathrm{elev2}} c_{\mathrm{elev2}} \tag{8-17}$$

式中　n_{elev1}，n_{elev2}——分别为输送速度为 0.5m/s、0.65m/s 的自动扶梯个数；

　　　　c_{elev1}，c_{elev2}——分别为输送速度为 0.5m/s、0.65m/s 的自动扶梯的单位通过能力。

（4）通道通过能力 C_{wal}：

$$C_{\mathrm{wal}} = w_{\mathrm{swal}} c_{\mathrm{swal}} + w_{\mathrm{bwal}} c_{\mathrm{bwal}} \tag{8-18}$$

式中　w_{swal}，w_{bwal}——分别为单向、双向通道的宽度；

　　　　c_{swal}，c_{bwal}——分别为单向、双向通道的单位通过能力。

（5）站台容纳能力 C_{plat}：

$$C_{\mathrm{plat}} = s\rho k_{\mathrm{s}} \tag{8-19}$$

式中　s——站台面积；

　　　ρ——站台的最大乘客密度；

　　　k_{s}——容纳系数。

（6）最大上车乘客数 $N_{\mathrm{max,board}}$：

$$N_{\mathrm{max,board}} = 2c_{\mathrm{t}}\eta k_{\mathrm{t}} t \tag{8-20}$$

式中　c_{t}——列车定员；

　　　η——列车满载率；

　　　k_{t}——列车输送系数；

　　　t——列车运行时间间隔。

（7）最大下车乘客数 $N_{\mathrm{max,alight}}$：

$$N_{\mathrm{max,alight}} = 2c_{\mathrm{t}}\eta k_{\mathrm{a}} t \tag{8-21}$$

式中　k_{a}——乘客下车比率。

　　控流区域控制的目的是在各客服设备能力与客流需求匹配的条件下，考虑乘客安全损失最小的情况，求出最优变量值——控流人数和放行人数。

四、控流区域之间客流的控制

　　控流区域放行人数为本部分模型的输入 $\lambda_i(t)$，为了让乘客更快上车，减少在车站走行花费的时间，需要使区域之间流量达到最优值。行人流分析方法中最为经典的是 Daganzo 的元胞传输模型（CTM）[135]。CTM 模型最早主要应用于道路交通流研究，包括交通流模拟和道路网络效率评价。后来 CTM 逐渐在行人流模拟中得到了应用，Hänseler[136] 运用 CTM 研究了单向流、双向流、交叉流、角落流和瓶颈[137]。车站一般有多个进出站口，根据客流流动的方向可分为单向流和双向流。但是在控流条件下，常采用引流栏强制将双向行人流形成单向流，因此本书只考虑单向行人流，且方向为从进站到站台上车方向。控流区域之间客流的控制采用 CTM 的分析方法，不考虑拥堵阻塞的情况，假设客流是连续流动的。

为了缩小乘客的平均等待时间，在走行区域能力匹配的条件下，理论上需增大控流区域之间的客流量。在车站各控流区域乘客走行区间包括站厅、扶梯、楼梯、通道等，不同设施处客流的流量、速度、密度呈现不同的特点。控流区域之间客流的速度、密度和流量之间的关系宏观反映了客流特征。由于乘客性别、年龄、出行目的等原因的不同，乘客在车站通行各设施设备的走行速度也是任意的。但是在突发情况下的控流车站，乘客走行速度会受到周围乘客走行速度和设施设备的影响，乘客总体走行速度会趋于一致，尤其是楼梯和扶梯，故本书只考虑乘客平均走行速度。

乘客流是指乘客在车站走行过程中，由于受外部条件（比如通道、扶梯、楼梯等）影响不自觉地形成一类群体[138]。客流的基本参数包括以下几类。

（一）流量 Q

客流量指单位时间内通过车站某设施设备单位宽度断面的乘客数量，单位为人/(m·s)。宽度指设施设备横断面乘客使用的有效宽度。客流量的大小反映了区间乘客通行数量多少，同时反映了设施设备的利用情况。

（二）密度 ρ

乘客密度指车站设施设备单位面积承载的乘客数量，单位为人/m²。在计算密度时的面积是指有效面积，即乘客使用的所有面积，不包括物理设施占用的面积。可表示为：

$$\rho = \frac{N}{A} \tag{8-22}$$

式中　N——乘客数量；
　　　A——区域面积。

（三）速度 v

客流速度表征客流流动的快慢，在数值上等于单位时间内乘客通过设施设备的距离，单位为 m/s。客流走行速度与乘客属性有关，例如乘客的年龄、性别、出行目的、携带行李等；同时也与设施设备的布局与配置有关。可表示为：

$$v = \frac{L}{t} \tag{8-23}$$

客流速度依据测量方法的不同，可以分成时间平均速度和空间平均速度两类。

时间平均速度指乘客在观测时刻通过制定断面的瞬时速度算术平均值，可表示为：

$$v = \left(\sum_{i=1}^{n} v_i \right) / n \tag{8-24}$$

空间平均速度指乘客在设施设备范围内，某一时刻所有乘客瞬时速度的平均值。可表示为：

$$v_s = \left(\sum_{i=1}^{n} s_i \right) / n_s \Delta t \tag{8-25}$$

式中　n——观测时间 t 时刻通过测量断面的乘客数量，人；

　　　v_i——第 i 位乘客通过测量线时的瞬时速度，m/s；

　　　Δt——某一计量时段；

　　　n_s——Δt 时间内设施内的乘客数量，人；

　　　s_i——第 i 位乘客在 Δt 时间内走行的距离，m。

以客流流量最大化为目标建立目标函数：

$$\max Q_{i,i+1}(t) \tag{8-26}$$

其中：

$$Q_{i,i+1}(t) = \sum_{t=1}^{T} \sum_{i=1}^{m} v_{i,i+1}(t) \rho_{i,i+1}(t) t \tag{8-27}$$

$$\rho_{i,i+1}(t) = \frac{N_{i,i+1}(t)}{a_{i,i+1}} \tag{8-28}$$

式中　$Q_{i,i+1}(t)$——t 时段内乘客通过区间 i 和 $i+1$ 之间断面流量；

　　　$v_{i,i+1}(t)$——t 时段区间 i 和 $i+1$ 之间乘客平均走行速度；

　　　$\rho_{i,i+1}(t)$——t 时段区间 i 和 $i+1$ 之间客流密度；

　　　$N_{i,i+1}(t)$——t 时段区间 i 和 $i+1$ 之间乘客数量；

　　　$a_{i,i+1}$——区间 i 和 $i+1$ 之间乘客走行有效面积。

约束条件为：

$$\text{s.t. } N_{i,i+1}(t) = N_{i,i+1}(t-1) + \dot{N}_i'(t) = N_{i,i+1}(t-1) + \lambda_i'(t) - \lambda_{i+1}(t)$$
$$\forall t > 1, i = 1,2,3,\cdots,m \tag{8-29a}$$
$$\lambda_{i+1}(t) \leq N_{i,i+1}(t-1) \tag{8-29b}$$
$$N_{i,i+1}(t) > 0 \tag{8-29c}$$
$$\rho_{i,i+1}(t) > 0 \tag{8-29d}$$
$$Q_{i,i+1}(t) > 0 \tag{8-29e}$$

乘客走行过程中的流量、速度和密度的关系，采用行人流基本图给定。目前城市轨道交通车站行人流研究较多，主要是通过实地调研和仿真实验获得数据结果。由于乘客在不同的设施设备区间时，会产生不同的走行行为，走行速度也会随之改变，因此各区间乘客走行速度和密度关系表达如下所述。

通过对通道内乘客步频-步速关系进行数据处理，计算出相应的全局平均速度，选取一元三次方作为流量-密度关系函数，建立的通道乘客速度-密度关系模型为[138]：

$$v = 0.1137\rho^3 - 0.5292\rho^2 + 0.1524\rho + 1.6118 \tag{8-30}$$

乘客在上行楼梯走行时存在水平方向和垂直方向的位移，因此乘客的步速也分为水平方向和垂直方向。由于上楼梯时行走的阻力风大，乘客下楼梯的步频明显大于上楼梯的步频。通过对步频、步幅、步速的统计研究分析可得上行楼梯乘客速度-密度关系模型为[139]：

$$v = 0.0479\rho^3 - 0.2487\rho^2 + 0.2421\rho + 0.5877 \tag{8-31}$$

下行楼梯乘客速度-密度关系模型为：

$$v = 0.0293\rho^3 - 0.1565\rho^2 + 0.0696\rho + 0.7947 \tag{8-32}$$

站厅是客流交织的区域，通过测定站台大厅的客流参数关系，乘客速度-密度关系模型为[140]：

$$v = -0.8003\rho + 1.7667 \tag{8-33}$$

计算时针对不同的走行区间选用相应的乘客速度-密度关系模型。

当输入速率变化相同时，最终输出为最大，由此可推出当各区间乘客平均速度变化率相同时，上车人数为最大。

当 $\dfrac{\mathrm{d}[v_{1,2}(t)]}{\mathrm{d}t} = \dfrac{\mathrm{d}[v_{2,3}(t)]}{\mathrm{d}t} = \cdots = \dfrac{\mathrm{d}[v_{i-1,i}(t)]}{\mathrm{d}t}$ 时，

$$\mu \to \max$$

其中

$$v_{i-1,i} = k\rho_{i-1,i} \tag{8-34}$$

$$\rho_{i-1,i}(t) = \frac{N_{i-1,i}(t-1) + \lambda'_{i-1}(t) - \lambda_i(t)}{s_{i-1,i}} \tag{8-35}$$

μ 是对连续时间积分或离散时段加和，当 μ 无穷大时，最后一个输出恒大于输入，可推导出输出和输入的递推表达式，$\dfrac{\mathrm{d}v}{\mathrm{d}t}$ 相等时即每项输入输出的变化率都相同，将 v 和 s 的表达式代入原函数即可。具体证明如下：

当 $\mu \to \max$ 时，

$$\lambda'_i(t) = \lambda_{i+1}(t) = \mu \to \max \tag{8-36}$$

由模型流量守恒约束条件知，t 由 $0 \to \infty$ 时，$\lambda'_i(t) \leqslant \lambda_i(t)$。

由于控流区密度会对单位时间内行人流速率产生影响，设 $v_{i-1,i}(t) = \dfrac{\mathrm{d}[N_{i-1,i}(t) - N_{i-1,i}(t-1)]}{\mathrm{d}t} + \alpha_{i-1,i}\rho_{i-1,i}(t)$，其中 $\rho_{i-1,i}(t)$ 为 t 时段区段 $(i-1, i)$ 密度，$\alpha_{i-1,i}$ 为反相关系数（密度越大则速率越小）。由于速率和密度有关，而密度和人数变化率有关，因此 $\alpha_{i-1,i}\rho_{i-1,i}$ 为速度的修正项。

由于
$$N_{i-1,i}(t) = N_{i-1,i}(t-1) + \lambda'_{i-1}(t) - \lambda_i(t) \tag{8-37}$$
因此
$$v_{i-1,i}(t) = \frac{\mathrm{d}[\lambda'_{i-1}(t) - \lambda_i(t)]}{\mathrm{d}t} + \alpha_{i-1,i}\rho_{i-1,i}(t) \tag{8-38}$$
进而
$$\frac{\mathrm{d}[v_{i-1,i}(t)]}{\mathrm{d}t} = \frac{\mathrm{d}^2[\lambda'_{i-1}(t) - \lambda_i(t)]}{\mathrm{d}t^2} + \alpha_{i-1,i}\frac{\mathrm{d}\rho_{i-1,i}(t)}{\mathrm{d}t} \tag{8-39}$$

$$\frac{\mathrm{d}[v_{i,i+1}(t)]}{\mathrm{d}t} = \frac{\mathrm{d}^2[\lambda'_i(t) - \lambda_{i+1}(t)]}{\mathrm{d}t^2} + \alpha_{i,i+1}\frac{\mathrm{d}\rho_{i,i+1}(t)}{\mathrm{d}t} \tag{8-40}$$

当 $\dfrac{\mathrm{d}\rho_{i,i+1}(t)}{\mathrm{d}t} = 0$（即行人流密度不再变化），且 $\lambda'_i(t) = \lambda_{i+1}(t)$ 时，可得
$$\mathrm{d}[v_{i,i+1}(t)] = 0 \tag{8-41}$$
此时
$$\lambda'_i(t) = \lambda_{i+1}(t) = \mu \to \max \tag{8-42}$$
系统的输出 μ 与静态各区间没有关系，而是与各区间速率变化存在充分非必要条件关系。

五、车站客流控制模型的求解

本书建立车站客流控制模型的目的是在考虑乘客安全损失值最小和控流区域之间流量最大时，优化单位时间内控流人数和放行人数，使乘客的平均等待时间最短。

车站客流控制模型为多目标非线性规划问题，在求解计算时首先采用权重系数法将其转换为单目标规划问题。多目标非线性规划目标函数转化为：
$$Z = \min\left(\sum_{t=1}^{T}\sum_{i=1}^{m}\lambda_1\frac{S_iN_i^2(t)}{C_i} - \lambda_2 Q_{i,i+1}(t)\right) \tag{8-43}$$
式中，λ_1 和 λ_2 为各目标函数的权重。

对于非线性规划的求解，采用罚函数法（外点法）将约束条件的违反度作为惩罚项加入目标函数中，从而将原问题转化为一无约束优化问题。在求解新优化问题的过程中，随着惩罚因子的不断调整，最优解也不断变化，最后趋于原问题的最优解。

罚函数法（外点法）的求解方法：
$$\min f(x)$$
$$\mathrm{s.t.} \ \ g_i(x) \geqslant 0 \ \ (i = 1,2,\cdots,m)$$
$$h_j(x) = 0 \ \ (j = 1,2,\cdots,l) \tag{8-44}$$
利用目标函数和约束函数构造一个辅助函数：

$$F(x,\gamma) = f(x) + \gamma P(x) \tag{8-45}$$

当点 x 位于可行域以外时，$F(x,\gamma)$ 取值很大，且离可行域越远取值越大；当点在可行域内时，函数 $F(x,\gamma) = f(x)$，由约束规划问题转换为下列无约束规划模型：

$$\min F(x,\gamma) = f(x) + \gamma P(x) \tag{8-46}$$

式中　　$\gamma P(x)$——罚项；

　　　　γ——罚因子；

　　$F(x,\gamma)$——罚函数。

$P(x)$ 定义为：

$$P(x) = \sum^{m} \phi(g_i(x)) + \sum^{l} \psi(h_j(x)) \tag{8-47}$$

其中 $\phi(y),\psi(y)$ 是满足如下条件的连续函数：

当 $y \geqslant 0$ 时，$\phi(y) = 0$；　当 $y < 0$ 时，$\phi(y) > 0$；

当 $y = 0$ 时，$\phi(y) = 0$；　当 $y \neq 0$ 时，$\psi(y) > 0$。

函数 $\phi(y)$、$\psi(y)$ 一般定义如下：

$\phi(y) = [\max\{0, -g_i(x)\}]^a, \psi = |h_j(x)|^b$，$a \geqslant 1$，$b \geqslant 1$，$a$，$b$ 为常数，通常取 $a = b = 2$。

在本书构建的车站客流控制模型中，令：

$$g_i(N,\lambda) = N_i(t-1) - \lambda_i'(t) + N_{i,i+1}(t-1) - \lambda_{i+1}(t) \tag{8-48}$$

$$h_j(N,\lambda) = N_i(t-1) + \lambda_i(t) - N_i(t) + N_{i,i+1}(t-1) -$$
$$\lambda_{i+1}(t) - N_{i,i+1}(t), \quad i \in m \tag{8-49}$$

引入罚函数：

$$P(N,\lambda) = \sum_{i=1}^{m} \phi(g_i(N,\lambda)) + \sum_{i=1}^{m} \psi(h_j(N,\lambda))$$

$$= \sum_{i=1}^{m} \phi(N_i(t-1) - \lambda_i'(t) + N_{i,i+1}(t-1) - \lambda_{i+1}(t)) + \sum_{i=1}^{m} \psi(N_i(t-1) +$$
$$\lambda_i(t) - N_i(t) + N_{i,i+1}(t-1) - \lambda_{i+1}(t) - N_{i,i+1}(t)) \tag{8-50}$$

更新后的目标函数为：

$$F(N, \lambda) = f(t) + \gamma\left\{ \sum_{i=1}^{m} \phi[N_i(t-1) - \lambda_i'(t) + N_{i,i+1}(t-1) - \lambda_{i+1}(t)] + \right.$$

$$\sum_{i=1}^{m} \psi[N_i(t-1) + \lambda_i(t) - N_i(t) + N_{i,i+1}(t-1) - \lambda_{i+1}(t) - N_{i,i+1}(t)]\bigg\}$$

$$= \frac{S_i N_i^2(t)}{C_i} - \lambda_2 Q_{i,i+1}(t) + \gamma\left\{ \sum_{i=1}^{m} \phi[N_i(t-1) - \lambda_i'(t) + N_{i,i+1}(t-1) - \lambda_{i+1}(t)] + \right.$$

$$\sum_{i=1}^{m} \psi[N_i(t-1) + \lambda_i(t) - N_i(t) + N_{i,i+1}(t-1) - \lambda_{i+1}(t) - N_{i,i+1}(t)]\bigg\}$$

$$\tag{8-51}$$

更新后的车站客流控制模型为:

$$\min F(N, \lambda) \tag{8-52}$$

$$\text{s. t. } 0 < \lambda'_i(t) \leqslant \mu \leqslant q_m$$

$$N_i(t) > 0$$

$$\lambda_1(t) = a$$

$$q_m = fe\xi - x - p_d$$

$$N_{i,i+1}(t) > 0$$

$$\rho_{i,i+1}(t) > 0$$

$$Q_{i,i+1}(t) > 0 \tag{8-53}$$

本书采用自适应粒子群算法(APSO)对车站客流控制模型进行求解。假设粒子 i 在搜索空间中的向量位置为 $\boldsymbol{X}_i^k = (x_{i1}, x_{i2}, \cdots, x_{im})$,与该空间向量位置对应的速度为 $\boldsymbol{V}_i^k = (v_{i1}, v_{i2}, \cdots, v_{im})$,粒子个体位置最优值为 $\boldsymbol{p}_i = (p_{i1}, p_{i2}, \cdots, p_{im})$,全局位置最优值为 $\boldsymbol{p}_g = (p_{g1}, p_{g2}, \cdots, p_{gm})$。标准粒子群算法原理中,为了改善算法的收敛性,添加了惯性权重 w,则第 i 个粒子在 $k+1$ 时刻第 d 维领域的计算公式为:

$$v_{id}^{k+1} = wv_{id}^k + c_1 r_1 (p_{id} - x_{id}^k) + c_2 r_2 (p_{gd} - x_{id}^k) \tag{8-54}$$

$$x_{id}^{k+1} = x_{id}^k + v_{id}^{k+1} \tag{8-55}$$

式中　m——粒子群的总数;

　　　d——解空间的维数;

c_1,c_2——加速因子。

粒子的速度范围为 $[-v_{d\max}, v_{d\max}]$。

惯性权重的大小决定了粒子当前速度继承的大小。为了避免 PSO 算法出现早熟收敛和全局收敛现象,Shi 等[141]提出了对惯性权重调整的方法,表达为:

$$w = w_{\text{end}} + (w_{\text{start}} - w_{\text{end}}) \frac{T_{\max} - t}{T_{\max}} \tag{8-56}$$

式中　w_{end}——进化到最大迭代次数时的惯性权重;

　　　$T_{\max}$——最大迭代次数;

　　　t——当前迭代次数;

　　w_{start}——初始惯性权重。

依据研究对象,适应度函数为控制模型中的目标函数,见式(8-43)。

随着迭代次数的增加,惯性权重依据优化对象的特征进行自适应调整,加快算法的收敛速度和提高求解精度。基于自适应粒子群算法的车站客流控制求解算法流程如图 8-8 所示。

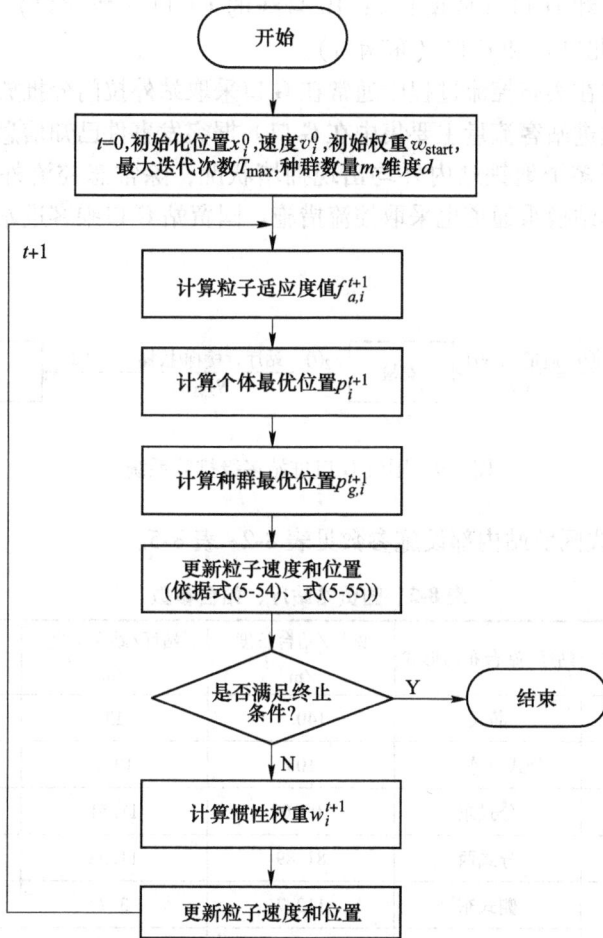

图 8-8　基于自适应粒子群算法的车站客流控制求解算法流程

第四节　案例分析

一、车站参数及系统构建

在受影响区域辨识出的控流车站中，本章选取 1 号线和 10 号线的换乘站国贸车站作为研究对象。国贸站位于北京朝阳区东三环中路与建国门外大街建国路交叉口地下。1 号线车站呈东西方向，10 号线车站为南北方向。由于国贸站是北京 CBD 的核心区域，日常车站客流量和换乘客流量尤为突出。国贸站为地下车站，1 号线车站是整体式站厅、岛式站台；10 号线车站是整体式站厅、分离式岛式站台。国贸站总共有 8 个出入口：1 号线的 A 口（西北口）、B 口（东北口）、

C 口（东南口）和 D 口（西南口）；10 号线的 E1 口（西北口）、E2 口（西北口）、F 口（东北口）和 G 口（东南口）。

由于国贸站在实施控流过程中通常在 G 口采取站外拉门分批放行和安检两级控流措施，因此进站客流量主要集中在 G 口。据突发事件已知信息，在突发事件发生时段，由于多个地铁站内外均出现拥堵状况，除常态控流外，国贸、呼家楼、角门西等车站换乘通道也采取控流措施。国贸站 G 口乘客进站多级排队系统如图 8-9 所示。

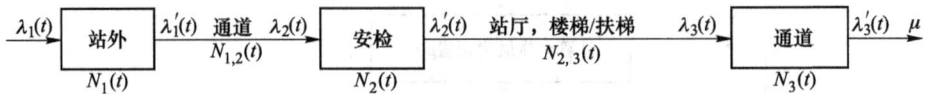

图 8-9　国贸 G 口进站多级排队系统

地铁 10 号线国贸站内部设施参数见表 8-2~表 8-5。

表 8-2　国贸站站厅、站台参数

名称	所属线路	站厅/站台布局形式	站厅/站台长度/m	站厅/站台宽度/m	站厅/站台面积/m²
站台	1 号线	岛式	140.8	12	1689.6
站厅	1 号线	分式（东西）	103	19.7	2029.1
站厅	10 号线	分式东	109.07	11.51	1255.40
站厅	10 号线	分式西	81.89	11.92	976.13
站台	10 号线	侧式东	112.7	3.7	416.99
站台	10 号线	侧式西	112.8	3.76	426.38

表 8-3　国贸站通道、出入口参数

名称	所属线路	位置	出入口编号	宽度/m	长度/m	高度/m	通道布置形式
通道	10 号线	东南口	G	4.56	136.07	2.48	通道+楼梯
出入口	10 号线	东南口	G	5.73	4.22	2.92	—
通道	10 号线	东到西站台南侧	—	4.53	2.42	61	通道
通道	10 号线	东到西站台北侧	—	5.54	61	2.42	通道
通道	10 号线	东到西站厅南侧	—	4.53	60.2	2.5	通道
通道	10 号线	东到西站厅北侧	—	5.58	60.5	2.37	通道
通道	10 号线	东北口	F	6.54	81.45	2.5	通道+楼梯

续表 8-3

名称	所属线路	位置	出入口编号	宽度/m	长度/m	高度/m	通道布置形式
出入口	10 号线	东北口	F	6.93	9.76	2.9	—
通道	10 号线	西北口	E1	6.58	47.36	2.49	通道+楼梯
出入口	10 号线	西北口	E1	6.25	7.51	3.98	—
通道	10 号线	西北口	E2	6.58	69.2	2.49	通道
出入口	10 号线	西北口	E2	6.23	4.46	3.4	—
换乘通道	10 号线	1 号线	—	3.58	125.5	2.66	通道+楼梯

表 8-4 国贸站楼梯参数

名称	所属线路	位置	长度/m	宽度/m	坡度/(°)	台阶高度/m	台阶数量	走行方向	是否以分隔栏隔离
楼梯	10 号线	G 东南口	13.5	2.4	30	0.15	40	双	否
楼梯	10 号线	G 东南口通道	26	2.4	30	0.15	69	双	否

表 8-5 国贸站扶梯参数

设备名称	所属线路	所属专业	设备位置	长度/m	宽度/m	坡度/(°)	台阶高度/m	台阶数量	运行方向
自动扶梯	10 号线	电扶梯系统	G 东南口	16	1.1	30	0.2	40	上
自动扶梯	10 号线	电扶梯系统	G 东南口通道	26	1.1	30	0.2	65	上

根据《地铁设计规范》，车站各类设施设备的最大通过能力见表 8-6[142]。

由表 8-6 可知，车站内的楼梯、通道的通过能力与其宽度成正比，而站台、站厅等的服务能力与最大乘客密度有关[133,142,143]。

假设车站进站乘客到达规律在某个时段内服从泊松分布，在突发条件下，由于受影响区域内车站客流量增加，车站内的集散能力受限。为了保证站内乘客安全，在车站能力受限的条件下会加大车站的控流强度。依据国贸站历史控流时间和排队时间，本书设定控流时间为 7：30~9：00，时间粒度为 4min，时间单位为min。根据各控流区域衡量乘客安全损失值的指标和车站设施设备参数，计算得到国贸站各控流区域乘客安全损失值，见表 8-7。

表 8-6　车站各类设施设备的最大通过能力

设备设施名称		最大通过能力/人·h^{-1}
1m 宽楼梯	下行	4200
	上行	3700
	双向混行	3200
1m 宽通道	单向	5000
	双向混行	4000
1m 宽自动扶梯	输送速度 0.5m/s	6720
	输送速度 0.65m/s	≤8190
0.65m 宽自动扶梯	输送速度 0.5m/s	4320
	输送速度 0.65m/s	5265
人工售票口		1200
自动售票机		300
人工检票口		2600
自动售票机	三杆式	非接触 IC 卡	1200
	门扉式	非接触 IC 卡	1800
	双向门扉式	非接触 IC 卡	1500

表 8-7　各控流区域衡量乘客安全损失值的指标

控流区域	指标	控流区域	指标
通道	客流密度/人·m^{-2}	闸机	速度/m·s^{-1}
	平均步行速度/m·min^{-1}		平均排队人数/人
	单位宽度客流流率/人·(m·min)$^{-1}$	楼梯	人均占用面积/m^2·人$^{-1}$
扶梯	人均占用面积/m^2·人$^{-1}$		流量/人·(m·min)$^{-1}$
	平均排队人数/人		速度/m·s^{-1}
	速度/m·s^{-1}	站台/站外	客流密度/人·m^{-2}
站厅	客流密度/人·m^{-2}		平均排队人数/人
	平均步行速度/m·min^{-1}		人均占地面积/m^2·人$^{-1}$

二、车站控制结果

(一) 各设施设备能力计算

依据国贸站各设施设备数据和车站静态能力计算公式，各控流区域能力计算如下：

控流区域 1 考虑为单向通道，站外能力 $c_{站外}^1$ 为：

$$c^1_{站外} = 5000 \times 5.73 = 28650$$

从站外到闸机的通道为双向的通道，控流区域 1 和 2 之间的通道能力 $c^{1,\,2}_{通道}$ 为：

$$c^{1,\,2}_{通道} = 4000 \times 4.56 = 18240$$

控流区域 2 安检处位于进站通道内，通道宽度为 4.56m，因此安检处考虑为双向通道。控流区域 2 安检处能力 $c^2_{安检}$ 为：

$$c^2_{安检} = 4000 \times 4.56/2 = 9120$$

由于国贸的站厅面积很大，这里只考虑楼梯和扶梯的能力。国贸站除了换乘通道的楼梯是单向，其他位置的楼梯均为双向，G 口进站有 2 个宽度为 2.4m 的楼梯，控流区域 2 和 3 之间的能力包括站厅，楼梯和扶梯，由于扶梯方向均为上行方向，故本书不考虑。站厅的能力计算按站台的计算方法。设定最大乘客密度为 3.78，容纳系数为 0.6[142]，控流区域 2 和 3 之间的楼梯能力 $c^{2,\,3}_{楼梯}$、$c^{2,\,3}_{站厅}$ 分别为：

$$c^{2,\,3}_{楼梯} = 双向楼梯宽度 \times 单位通过能力 = 2.4 \times 3200 \times 2 = 15360$$

$$c^{2,\,3}_{站厅} = 站厅面积 \times 站厅最大乘客密度 \times 容纳系数$$
$$= (103 \times 19.7 + 109.07 \times 11.51 + 81.89 \times 11.92) \times 3.78 \times 0.6 = 9663$$

只考虑 G 口 10 号线站台，参数为（侧式东：长 112.7m，宽 3.7m；侧式西：长 112.8m，宽 3.76m），控流区域 3 的 10 号线和 1 号线站台能力 $c^3_{站台,\,10}$、$c^3_{站台,\,1}$ 分别为：

$$c^3_{站台,\,10} = 站台面积 \times 站台最大乘客密度 \times 容纳系数$$
$$= (112.7 \times 3.7 + 112.8 \times 3.76) \times 3.78 \times 0.6 = 1907$$

$$c^3_{站台,\,1} = 站台面积 \times 站台最大乘客密度 \times 容纳系数$$
$$= 140.8 \times 12 \times 3.78 \times 0.6 = 3832$$

$$c^3_{站台} = c^3_{站台,\,10} + c^3_{站台,\,1} = 1907 + 3832 = 5739$$

（二）乘客安全损失值计算

对乘客安全损失值指标 $x'_i(t_k)$ 进行评估，站外的指标是客流密度、平均排队人数，安检的指标是平均排队人数和密度，站台的指标是人均占地面积、平均排队人数和密度。时间是早高峰 7：30～9：06，共 24 个时间段。各控流区域指标构成的原始矩阵为：

$$X'_{站外}$$

$$= \begin{bmatrix} x'_1(t_1) & x'_1(t_2) & \cdots & x'_1(t_{24}) \\ x'_2(t_1) & x'_2(t_2) & \cdots & x'_2(t_{24}) \end{bmatrix}'$$

$$= \begin{bmatrix} 4.5 & 3.53 & 3.76 & 3.44 & 4.87 & 3.95 & 8.76 & 4.03 & 3.44 & 3.92 & 3.87 & 3.44 & 3.8 & 3.76 & 3.4 & 3.92 & 3.64 & 3.76 & 3.62 & 3.03 & 2.67 & 3.23 & 2.43 & 2.76 \\ 73 & 48 & 53 & 46 & 81 & 57 & 140 & 61 & 46 & 56 & 50 & 46 & 54 & 53 & 44 & 56 & 50 & 52 & 49 & 37 & 31 & 40 & 27 & 32 \end{bmatrix}'$$

$$X'_{安检}$$

$$= \begin{bmatrix} x_1'(t_1) & x_1'(t_2) & \cdots & x_1'(t_{24}) \\ x_2'(t_1) & x_2'(t_2) & \cdots & x_2'(t_{24}) \end{bmatrix}'$$

$$= \begin{bmatrix} 87 & 54 & 55 & 84 & 95 & 70 & 60 & 86 & 77 & 84 & 89 & 76 & 74 & 69 & 64 & 59 & 60 & 56 & 53 & 49 & 42 & 39 & 33 & 22 \\ 3.5 & 1.72 & 1.76 & 3.34 & 4.21 & 2.67 & 2.1 & 3.52 & 3 & 3.34 & 3.76 & 2.96 & 2.88 & 2.65 & 2.3 & 2 & 2.1 & 1.8 & 1.67 & 1.45 & 1.21 & 1.1 & 0.9 & 0.7 \end{bmatrix}'$$

$$X_{站台}' =$$
$$= \begin{bmatrix} x_1'(t_1) & x_1'(t_2) & \cdots & x_1'(t_{24}) \\ x_2'(t_1) & x_2'(t_2) & \cdots & x_2'(t_{24}) \end{bmatrix}'$$

$$= \begin{bmatrix} 1.8 & 1.9 & 2.4 & 2.5 & 2.9 & 3.1 & 3.2 & 3.5 & 3.6 & 2.9 & 2.8 & 2.7 & 3.1 & 3.9 & 4.3 & 4.5 & 3.7 & 3.5 & 3.2 & 3.1 & 2.5 & 2.8 & 2.9 \\ 1.5 & 1.4 & 1.2 & 1.2 & 1.1 & 1.05 & 1 & 0.98 & 1 & 1.1 & 1.2 & 1.2 & 1.3 & 0.98 & 0.9 & 0.8 & 0.7 & 0.9 & 1 & 1.1 & 1.2 & 1 & 1.2 \\ 2.7 & 2.66 & 2.88 & 3 & 3.19 & 3.26 & 3.2 & 3.43 & 3.6 & 3.19 & 3.36 & 3.24 & 4.03 & 3.04 & 3.51 & 3.44 & 3.15 & 3.33 & 3.5 & 3.52 & 3.72 & 2.5 & 3.36 & 3.48 \end{bmatrix}'$$

各控流区域内乘客损失安全指标进行处理后得到的归一化矩阵为：

$$X_{站外} = \begin{bmatrix} 0.33 & 0.17 & 0.21 & 0.16 & 0.39 & 0.24 & 1 & 0.25 & 0.16 & 0.24 & 0.23 & 0.16 & 0.22 & 0.21 & 0.15 & 0.24 & 0.19 & 0.21 & 0.19 & 0.09 & 0.04 & 0.13 & 0 & 0.05 \\ 0.41 & 0.19 & 0.23 & 0.17 & 0.48 & 0.27 & 1 & 0.3 & 0.17 & 0.26 & 0.2 & 0.17 & 0.24 & 0.23 & 0.15 & 0.26 & 0.2 & 0.22 & 0.19 & 0.09 & 0.04 & 0.12 & 0 & 0.04 \end{bmatrix}'$$

$$X_{安检} = \begin{bmatrix} 0.89 & 0.44 & 0.45 & 0.85 & 1 & 0.66 & 0.52 & 0.88 & 0.75 & 0.85 & 0.92 & 0.74 & 0.71 & 0.64 & 0.58 & 0.51 & 0.52 & 0.47 & 0.42 & 0.37 & 0.27 & 0.23 & 0.15 & 0 \\ 0.8 & 0.29 & 0.3 & 0.75 & 1 & 0.56 & 0.4 & 0.66 & 0.75 & 0.64 & 0.62 & 0.56 & 0.46 & 0.37 & 0.4 & 0.31 & 0.28 & 0.21 & 0.15 & 0.11 & 0.11 & 0.06 & 0 \end{bmatrix}'$$

$$X_{站台} = \begin{bmatrix} 0 & 0.04 & 0.22 & 0.26 & 0.41 & 0.48 & 0.52 & 0.63 & 0.67 & 0.41 & 0.37 & 0.33 & 0.48 & 0.78 & 0.93 & 1 & 0.7 & 0.63 & 0.52 & 0.48 & 0.26 & 0.37 & 0.41 \\ 0 & 0.13 & 0.38 & 0.38 & 0.5 & 0.56 & 0.63 & 0.65 & 0.63 & 0.5 & 0.38 & 0.38 & 0.25 & 0.65 & 0.75 & 0.88 & 1 & 0.75 & 0.63 & 0.5 & 0.38 & 0.63 & 0.38 & 0.383 \\ 0.87 & 0.9 & 0.75 & 0.67 & 0.55 & 0.51 & 0.54 & 0.39 & 0.28 & 0.55 & 0.44 & 0.52 & 0 & 0.65 & 0.34 & 0.39 & 0.58 & 0.46 & 0.35 & 0.33 & 0.2 & 1 & 0.44 & 0.36 \end{bmatrix}'$$

通过熵权法计算，得到各控流区域指标的权重系数，见表 8-8。

表 8-8　各控流区域指标权重

区域	指标	权重
站外	X_1	0.69
	X_2	0.31
安检	X_1	0.42
	X_2	0.58
站台	X_1	0.29
	X_2	0.26
	X_3	0.45

通过计算得到各控流区域时段内的乘客安全损失值为：

$$X_{站外} = \begin{bmatrix} 0.35 & 0.18 & 0.22 & 0.16 & 0.41 & 0.25 & 1 & 0.27 & 0.16 & 0.24 & 0.16 & 0.2 & 0.22 & 0.15 & 0.24 & 0.19 & 0.21 & 0.19 & 0.09 & 0.04 & 0.12 & 0 & 0.05 \end{bmatrix}'$$

$$X_{安检} = \begin{bmatrix} 0.84 & 0.35 & 0.37 & 0.79 & 1 & 0.6 & 0.45 & 0.83 & 0.7 & 0.79 & 0.76 & 0.67 & 0.6 & 0.53 & 0.46 & 0.44 & 0.40 & 0.36 & 0.3 & 0.24 & 0.18 & 0.16 & 0.1 & 0 \end{bmatrix}'$$

$$X_{站台} = \begin{bmatrix} 2.13 & 2.11 & 2.3 & 2.39 & 2.56 & 2.64 & 2.63 & 2.81 & 2.92 & 2.56 & 2.64 & 2.55 & 3.05 & 2.52 & 2.94 & 3 & 3.29 & 2.81 & 2.85 & 2.8 & 2.89 & 2.11 & 2.64 & 2.72 \end{bmatrix}'$$

（三）控制结果

式（8-43）中，$\lambda_1 = 1$，$\lambda_2 = 0.4$，APSO 中参数设定种群数量 $m=30$，初始位置 $x_i^0 = \text{randint}(1, 30, [0100000])$，$i=1, 2, 3, \cdots, 30$，最大迭代次数 $T_{max} = 100$，维数 $d=30$，初始位置 $v_i^0 = \text{randint}(1, 30, [-1, 1])$，$i=1, 2, 3, \cdots,$

30，初始惯性权重 $w_{start}=1$。依据国贸站客流数据，设定进站量为输入条件，车站控流人数和各区域放行人数结果见表8-9。随着迭代次数的增加，惯性权重呈现减小的趋势，最终惯性权重 $w_{end}=0.46$。

表8-9 车站各控流区域控制结果

时间	站外		安检		站台	
	控流人数	放行人数	控流人数	放行人数	控流人数	放行人数
7：30~7：34	73	45	87	40	530	487
7：34~7：38	48	40	54	30	590	523
7：38~7：42	53	44	55	32	390	354
7：42~7：46	46	38	84	42	470	390
7：46~7：50	81	36	95	44	660	563
7：50~7：54	57	34	70	30	680	574
7：54~7：58	140	33	60	36	800	583
7：58~8：02	61	26	86	40	923	632
8：02~8：06	30	26	77	37	920	634
8：06~8：10	39	20	84	52	920	634
8：10~8：14	36	36	71	35	1050	823
8：14~8：18	47	34	66	40	1160	880
8：18~8：22	56	23	54	38	1300	945
8：22~8：26	48	44	46	30	1250	898
8：26~8：30	62	36	54	26	1353	912
8：30~8：34	48	44	50	30	1300	876
8：34~8：38	35	23	49	30	1402	898
8：38~8：42	49	44	46	37	1356	798
8：42~8：46	54	36	55	35	1312	823
8：46~8：50	82	20	60	40	1386	845
8：50~8：54	90	22	67	40	1500	913
8：54~8：58	87	16	88	38	1580	876
8：58~9：02	67	13	77	33	1640	784
9：02~9：06	53	12	67	34	1600	734
9：06~9：10	47	12	57	40	878	612
9：14~9：20	42	10	45	33	682	573

国贸站常态站外控流时，在时间段7：30~8：00之间每次放行时间为2min。在8：00~8：50早高峰峰值阶段时，平均放行时间为49s。在常态情况下，随着早高峰波峰过后，控流人数会呈明显的递减趋势，放行人数也增多。表8-9的控流结果显示，当突发事件发生后，各控流区域的放行人数呈明显的递减趋势，而各控流区域的排队人数呈明显的递增趋势，这一态势在突发事件发生15~20min

后特征明显。这是因为 10 号线发车间隔加大，运力下降，导致满载率已达到极限，同时受影响车站滞留人数激增，导致站台拥挤。控流原则主要是保证站台、通道等主要乘客密集发生地的安全，故可在乘客到达这些区域之前实施客流控制。本书控流结果与实际情况也是相吻合的。

　　本案例选用了实行三级控制措施的控流车站，北京城市轨道交通系统中的车站结构多样，客流在站内的行为特征及分布各有差异，因此不同站型的控流方式及程度也不同。在实际车站控流实施过程中，可依据车站结构特点及突发客流状态实施不同等级的控流方式。

附录 突发事件下城市轨道交通乘客路径选择调查问卷

一、个人信息（单选）

1. 您的性别：

   A. 男   B. 女

2. 您的年龄：

   A. 18 岁以下   B. 18~30 岁   C. 31~45 岁   D. 45~60 岁   E. 60 岁以上

3. 您的职业：

   A. 企事业人员（包括教师）B. 公务员   C. 自由职业者   D. 学生

   E. 离退休人员   F. 其他

4. 月均收入：

   A. 3000 元以下   B. 3000~5000 元   C. 5000~7000 元   D. 7000~9000 元

   E. 9000 元以上

二、出行信息（单选）

1. 您本次的出行目的：

   A. 上班/上学   B. 公务   C. 购物   D. 探亲访友   E. 回家   F. 其他

2. 您对所在城市地铁线路的熟悉程度：

   A. 非常熟悉

   B. 一般熟悉

   C. 不太熟悉

   D. 很不熟悉

三、突发事件出行信息

1. 平峰时段，当你进入地铁站但未上车，由于突发事件发生了，造成晚点 30 分钟以上，这时您可能会做出如下哪些选择？

   A. 继续等待，按原定线路出行

   B. 改变其他线路到达目的地

   C. 出站，选择其他的交通工具

   D. 其他

2. 早高峰时段，当您进入地铁站但未上车，由于突发事件发生了，造成晚点 30 分钟以上，这时您可能会做出如下哪些选择？

  A. 继续等待，按原定线路出行

  B. 改变其他线路到达目的地

  C. 出站，选择其他的交通工具

  D. 其他

  3. 早高峰时段，当您已经在列车上，某个区间突发事件发生导致您的列车减速缓行，这时您可能会做出如下哪些选择？

  A. 继续乘坐本列车，按原定线路出行

  B. 换乘站换乘，改变其他线路到达目的地

  C. 出站，选择其他的交通工具

  D. 其他

  4. 早高峰时段，当您已经在列车上，某个区间突发事件发生导致某些车站已经封站（不包括你的目的站），这时您可能会做出如下哪些选择？

  A. 继续乘坐本列车，按原定线路出行

  B. 换乘站换乘，改变其他线路到达目的地

  C. 出站，选择其他的交通工具

  D. 其他

  5. 突发事件发生后，假设您已经在车站或列车上，请给以下出行因素重要度打分：

	非常重要	重要	一般	不重要	非常不重要
时间	☐	☐	☐	☐	☐
换乘	☐	☐	☐	☐	☐
走行距离	☐	☐	☐	☐	☐
拥挤度	☐	☐	☐	☐	☐

四、突发事件等待时间信息

假设突发事件发生时间为早高峰时段

  1. 突发事件发生后，可能延误时间为 0～10 分钟，您愿意等待（　　　）分钟。

  A. 0   B. 1～5   C. 6～8   D. 8～10

  2. 突发事件发生后，可能延误时间为 10～15 分钟，您愿意等待（　　　）分钟。

  A. 0   B. 1～5   C. 5～10   D. 10～15

  3. 突发事件发生后，可能延误时间为 15～20 分钟，您愿意等待（　　　）分钟。

  A. 0   B. 1～5   C. 5～10   D. 10～15   E. 15～20

  4. 突发事件发生后，可能延误时间为 20～25 分钟，您愿意等待（　　　）

分钟。

    A. 0　　　B. 1~5　　　C. 5~10　　　D. 10~15　　　E. 15~20

    F. 20~25

5. 突发事件发生后，可能延误时间为 25~30 分钟，您愿意等待（　　）分钟。

    A. 0　　　B. 1~5　　　C. 5~10　　　D. 10~15　　　E. 15~20

    F. 20~25　G. 25~30

6. 突发事件发生后，可能延误时间为 30 分钟以上，您愿意等待（　　）分钟。

    A. 0　　　B. 1~5　　　C. 5~10　　　D. 10~15　　　E. 15~20

    F. 20~25　G. 25~30　　H. 30 分钟以上

参 考 文 献

［1］中国城市轨道交通协会. 城市轨道交通 2017 年度统计和分析报告［R］. 北京：中国城市轨道交通协会，2019.

［2］祁明亮，池宏，赵红，等. 突发公共事件应急管理研究现状与展望［J］. 管理评论，2006，18（4）：5~35.

［3］Robert T. Stafford Disaster Relief and Emergency Assistance Act［J］. Public Law 93-288, as a-mended, 42 U. S. C. 5121-5207, and Related Authorities. 2007.

［4］黄典剑. 城市地铁重大突发事件应急能力评价方法研究［D］. 北京：北京科技大学博士学位论文，2006.

［5］任生德，解冰，王智猛. 危机处理手册［M］. 北京：北京新世界出版社，2003.

［6］王劲峰，孟斌，刘纪远，等. 突发事件系统优化管理［J］. 安全与环境学报，2005，5（1）：103~107.

［7］陈安，陈宁，倪慧荟，等. 现代应急管理理论与方法［M］. 北京：科学出版社，2009.

［8］范维澄. 国家突发公共事件应急管理中科学问题的思考和建议［J］. 中国科学基金，2007，21（2）：71~76.

［9］中华人民共和国国务院. 国家突发公共事件总体应急预案［S］. 2006.

［10］Stewart T, Bostrom A. Extreme Event Decision Making A Workshop Report, Center for Policy Research. Rockefeller College of Public Affairs and Policy. University of Albany, and Decision Risk and Management Science Program NSF. June, 2002.

［11］中华人民共和国国家质量监督检验检疫总局. GB/T 30012—2013. 城市轨道交通运营管理规范［S］. 北京：中国标准出版社，2013：2.

［12］北京市地铁运营有限公司. GB/T 50438—2007 地铁运营安全评价标准［S］. 北京：中国建筑工业出版社，2007.

［13］北京市交通委员会. 北京市轨道交通突发事件应急处置办法. 2014.

［14］Wardrop J G. Some theoretical of road traffic research［C］//Proceedings of the Institute of Civil Engineers, 1952, Ⅵ. part2：325~378.

［15］Silva R, Kang S M, Airoldi E M. Predicting traffic volumes and estimating the effects of shocks in massive transportation systems［J］. Proceedings of national academy of sciences of the united states of america. 2015, 112（18）：5643~5648.

［16］Evelien van der Hurk, Leo Kroon, Gábor Maróti, et al. Deduction of passengers' route choices from smart card data［J］. Transactions on intelligent transportation systems, 2015, 16（1）：430~440.

［17］Kusakabe T, Asakura Y. Behavioural data mining of transit smart card data: a data fusion approach［J］. Transportation Research Part C, 2014, 46：179~191.

［18］石俊刚，周峰，朱炜，等. 基于 AFC 数据的城轨乘客出行路径选择比例估计方法［J］. 东南大学学报，2015，45（1）：184~188.

［19］Sun Y, Xu R. Rail transit travel time reliability and estimation of passenger route choice behavior［J］. Transportation Research Record, 2012, 2275-07：58~67.

[20] 张莉. 基于地铁火灾仿真的人员疏散研究 [D]. 上海：同济大学，2008.

[21] 徐瑞华，叶剑鸣，潘寒川. 列车运行延误条件下城市轨道交通网络换乘站大客流预警方法 [J]. 中国铁道科学，2014，35（5）：127~133.

[22] Xu X, Xie L, Li H, et al. Learning the route choice behavior of subway passengers from AFC [J]. Expert Systems with Applications, 2018, 95: 324~332.

[23] Luce D. Individual Choice Behavior [M]. New York: John Wiley and Sons, 1959.

[24] McFadden D. Conditional Logit Analysis of Qualitative Choice Behavior [M]. Zarembka P. ed. New York: Academic Press, 1974.

[25] 刘剑锋，孙福亮，柏赟，等. 城市轨道交通乘客路径选择模型及算法 [J]. 交通运输系统工程与信息，2009，9（2）：81~86.

[26] Qiao Ke, Zhao Peng, Qin Zhipeng. Passenger route choice model and algorithm in the urban rail transit network [J]. Journal of Industrial Engineering and Management, 2013, 6 (1): 113~123.

[27] Raveau S, Munoz J C, Grange L D. A topological route choice model for metro [J]. Transportation Research Part A, 2011, 45 (2): 138~147.

[28] Raveau S, Guo Z, Munoz J C, et al. A behavioural comparison of route choice on metro networks: time, transfers, crowding, topology and socio-demographics [J]. Transportation Research Part A, 2014, 66: 185~195.

[29] 张永生，姚恩建，刘莎莎，等. 地铁大线网条件下乘客 SPSL 路径选择模型 [J]. 中国铁道科学，2016，37（5）：138~144.

[30] 刘莎莎，姚恩建，张永生. 轨道交通乘客个性化出行路径规划算法 [J]. 交通运输系统工程与信息，2014，14（5）：100~104，132.

[31] Yin Haodong, Han Baoming, Li Dewei, et al. Modeling and simulating passenger behavior for a station closure in a rail transit network [J]. PLoSONE, 2016, 11 (12): e0167126.

[32] 周玮腾. 拥塞条件下的城市轨道交通网络流量分配演化建模及疏导策略研究 [D]. 北京：北京交通大学，2016.

[33] Sun Lianju, Gao Ziyou. An equilibrium model for urban transit assignmentbased on game theory [J]. European Journal of Operational Research, 2007, 181: 305~314.

[34] 罗钦. 基于网络运营的城市轨道交通客流分布理论及仿真研究 [D]. 北京：北京交通大学，2011.

[35] 蒋熙，孙捷萍，张弛，等. 基于路网仿真的地铁运营协调性分析 [J]. 交通运输系统工程与信息，2015，15（3）：120~126.

[36] 姚向明. 城市轨道交通网络动态客流分布及协同流入控制理论与方法 [D]. 北京：北京交通大学，2015.

[37] Othman N B, Legara E F, Selvam V, et al. A data-driven agent-based model of congestion and scaling dynamics of rapid transit systems [J]. Journal of Computational Science. 2015, 10: 338~350.

[38] 尹浩东. 运营中断条件下城市轨道交通乘客出行行为建模与客流诱导优化研究 [D]. 北京：北京交通大学，2017.

［39］ Avineri E, Prashker J N. Sensitivity to travel time variability：Travelers learning perspective ［J］. Transportation Research Part C, 2005, 13（2）：157~183.

［40］ Avineri E, Chorus C G. Editorial：recent developments in propect theory-based travel behaviour research ［J］. Eurpoean Journal of Transport and Infrastructure Research, 2010, 10（4）：293~298.

［41］ 徐红利, 周晶, 陈星光. 基于前景理论的路径选择行为规则分析与实证 ［J］. 交通运输系统工程与控制, 2007, 7（6）：95~101.

［42］ 刘玉印, 刘伟铭, 吴建伟. 基于累积前景理论的出行者路径选择模型 ［J］. 华南理工大学学报. 2010, 38（7）：84~89, 100.

［43］ 刘小霞. 城市轨道交通网络突发客流传播影响分析 ［D］. 北京：北京交通大学, 2011.

［44］ 牛龙飞. 城市轨道交通大客流的网络传播特性及运输组织协调研究 ［D］. 成都：西南交通大学, 2010.

［45］ 吴璐. 城市轨道交通网络突发客流特性及拥挤 ［D］. 成都：西南交通大学, 2010.

［46］ 高自友, 龙建成, 李新刚. 城市交通拥堵传播规律与消散控制策略研究 ［J］. 上海理工大学学报, 2011, 33（6）：701~708.

［47］ 焦轩. 城市轨道交通突发客流传播特性及客流控制措施研究 ［D］. 北京：北京交通大学, 2016.

［48］ 高洁, 施其洲. 城市轨道网络抗毁可靠性定义及评价指标模型研究 ［J］. 综合运输, 2013（4）：44~50.

［49］ Zhang J, Xu X, Liu H, et al. Networked analysis of the Shanghai subway network ［J］. Physica A, 390：4562~4570.

［50］ 洪玲, 高佳, 徐瑞华. 城市轨道交通网络突发事件影响客流量的计算 ［J］. 同济大学学报, 2011, 39（10）：1485~1489.

［51］ De Los Santos A, Laporte G, Mesa J A, et al. Evaluating passenger robustness in a rail transit network ［J］. Transportation Research Part C, 2012, 20（1）：34~36.

［52］ 段力伟, 文超, 彭其渊. 突发大客流在城市轨道交通网络中的传播机理 ［J］. 铁道运输与经济, 2012, 34（8）：79~84.

［53］ 乔珂. 城市轨道交通网络化运营特征及列车运行调整研究 ［D］. 北京：北京交通大学, 2014.

［54］ 徐瑞华, 江志彬, 邵伟中, 等. 城市轨道交通列车运行延误及其传播特点的仿真研究 ［J］. 铁道学报, 2006, 28（2）：7~10.

［55］ 江志彬, 苗秋云. 城轨交通列车运行延误影响及其减缓措施 ［J］. 现代城市轨道交通, 2009,（5）：59~62.

［56］ 贺英松. 轨道交通车站乘客流量控制措施分析与研究 ［D］. 北京：北京交通大学, 2013.

［57］ 张正, 蒋熙, 贺英松. 城市轨道交通高峰时段车站系统限流安全控制研究 ［J］. 中国安全生产科学技术, 2013, 9（10）：5~9.

［58］ 刘晓华, 韩梅, 陈超. 城市轨道交通车站联合客流控制研究 ［J］. 城市轨道交通研究, 2014, 16（5）：106~108.

［59］ 许心越.城市轨道交通车站服务能力计算与能力适应性评估［D］.北京：北京交通大学，2015.

［60］ Jiang Man, Li Haiying, Xu Xinyue, et al. Metro passenger flow control with station-to-station cooperation based on stop-skipping and boarding limiting［J］. Journal of Central South University. 2017, 24（1）：236~244.

［61］ 赵提.城市轨道交通线路高峰客流协调控制优化方法研究［D］.北京：北京交通大学，2016.

［62］ 赵鹏，姚向明，禹丹丹.高峰时段城市轨道交通线路客流协调控制［J］.同济大学学报（自然科学版），2014，42（9）：1340~1443.

［63］ 黄文慧，李海鹰，王莹.轨道交通高峰期单线客流拥挤传播与控制［J］.铁道科学与工程学报，2017，14（1）：173~179.

［64］ 鲁工圆.城市轨道交通线路客流控制证书规划模型［J］.西南交通大学学报.2017，52（2）：179~186.

［65］ 贾宁.基于效能的城轨线路列车群协同运营控制模型研究［D］.北京：北京交通大学，2018.

［66］ Jiang Zhibin, Fan Wei, Liu Wei, et al. Reinforcement learning approach for coordinated passenger inflow control of urban rail transit in peak hours［J］. Transportation Research Part C, 2018, 88：1~16.

［67］ 刘莲花，蒋亮.城市轨道交通网络客流控制方法研究［J］.铁道运输与经济，2011，33（5）：51~55.

［68］ 易晨阳.城市轨道交通大型活动散场客流传播与协调控制［D］.北京：北京交通大学，2015.

［69］ 姚向明，赵鹏，乔珂，等.城市轨道交通网络客流协同控制模型［J］.中南大学学报，2015，46（1）：342~350.

［70］ 郭建媛.城市轨道交通网络客流调控方法［D］.北京：北京交通大学，2016.

［71］ 叶青.城市轨道交通网络脆弱性分析与客流协同控制研究［D］.成都：西南交通大学，2016.

［72］ 温念慈.城市轨道交通网络协同限流理论与方法研究［D］.成都：西南交通大学，2018.

［73］ Xu Xinyue, Li Haiying, Liu Jun, et al. Passenger flow control with multi-station coordination in subway network: algotithm development and real-world case study［J］. Transportmetrica B: Transport Dynamics, 2019, 7（1）：446~472.

［74］ Suh Aichong, Hickman Mark. The real-time stop-skipping problem［J］. Journal of Intelligent Transportation Systems, 2012, 9（2）：91~109.

［75］ Felipe Delgado, Juan Carlos Munoz, Ricardo Giesen. How much can holding and/or limiting boarding improve transit performance［J］. Transportation Research Part B. 2012, 46（9）：1202~1217.

［76］ Ibarra-Rojas O J, Delgado F, Giesen R, et al. Planning, operation, and control of bus transport systems: a literature review［J］. Transportation Research part B: methodological 2015,

77: 38~75.

[77] Xu Xiaoming, Li Keping, Li Xiang. A multi-objective subway timetable optimization approach with minimum passenger time and energy consumption [J]. Journal of advanced transportation, 2016, 50 (1): 69~95.

[78] Reynolds C W. Flocks, herds, and schools: A distributed behavioral model [J]. Computer Graphics. 1987, 21 (4): 25~34.

[79] Tanner H G, Jadbabaie A, Pappas G J. Flocking in fixed and switching network [J]. Automatic Control, IEEE Transactions on, 2007, 52 (5): 863~868.

[80] Olfai-Saber R. Flocking for multi-agent dynamic systems: Algorithms and theory [J]. Automatic Control, IEEE Transactions on, 2006, 51 (3): 401~420.

[81] Wang X F, Chen G R. Pinning control of scale-free dynamical networks [J]. Physical A: Statistical Mechanics and its Applications, 2002, 310 (3~4): 521~531.

[82] 陈关荣. 复杂动态网络环境下控制理论遇到的问题与挑战 [J]. 自动化学报, 2013, 39 (4): 312~321.

[83] Fu C B, Wang J B, Xiang Y, et al. Pinning control of clustered complex networks with different size [J]. Physical A: Statistical Mechanics and its Applications, 2017, 479: 184~192.

[84] Liu Y Y, Slotine J J, Barabási A L. Controllability of complex networks [J]. Nature, 2011, 473 (7346): 167~173.

[85] Wang W X, Ni X, Lai Y C, et al. Optimizing controllability of complex networks by minimum structural perturbations [J]. Physical Review E, 2012, 85 (2): 026115.

[86] Pósfai M, Liu Y Y, Slotine J J, et al. Effect of correlations on network controllability [J]. Scientific Reports, 2013, 3.

[87] Lvlin H, Songyang L, Gang L, et al. Controllability and directionality in complex networks [J]. Chinese Physics Letters, 2012, 29 (10): 108901.

[88] Pan Y, Li X. Structural controllability and controlling centrality of temporal networks. PLoS One [J], 2014, 9 (4): e94998.

[89] Pósfai M, Hövel P. Structural controllability of temporal networks [J]. New Journal of Physics 2014, 16 (12): 123055.

[90] Li J, Yuan Z, Fan Y, et al. Controllability of fractal networks: An analytical approach [J]. EPL (Europhysics, Letters), 2014, 105 (5): 58001.

[91] Yan G, RenJ, Lai Y C, et al. Controlling complex networks: How much energy is needed? [J]. Physical Review Letters, 2012, 108 (21): 218703.

[92] Nepusz T, Vicsek T. Controlling Edge Dynamics in Complex Networks [J]. Nature Physics, 2012, 8 (7): 568~573.

[93] Ferrarini A. Some thoughts on the control of network system [J]. Network Biology 2011, 1 (3~4): 186~188.

[94] Lombardi A, Hörnquist M. Controllability analysis of networks [J]. Physical Review E, 2007, 75 (5): 056110.

[95] Chen S M, Xu Y F, Nie S. Robustness of network controllability in cascading failure [J].

Physical A: Statistical Mechanics and its Applications , 2017, 471: 536~539.

[96] Pang S P, Hao F. Optimizing controllability of edge dynamics in complex networks by perturbing network structure [J]. Physical A: Statistical Mechanics and its Applications, 2017, 470: 217~227.

[97] Meng X L, Xiang W L, Wang L. Controllability of train service network [J]. Mathematical Problems in Engineering, 2015, 631492, 8 pages.

[98] Ravindran V, Sunitha V, Bagler G. Identification of critical regulatory genes in cancer signaling network using controllability analysis [J]. Physical A , 2017, 474: 134~143.

[99] Li J, Dueñas-Osorio L, Chen C K, et al. Characterizing the topological and controllability features of U. S. power transmission networks [J]. Physical A: Statistical Mechanics and its Applications , 2017, 453: 84~98.

[100] 李建林. 上海轨道交通限流客运调整实践研究 [J]. 现代城市轨道交通, 2011, (4): 81~83.

[101] 谢玮. 城市轨道交通换乘站客流控制方法研究 [D]. 北京: 北京交通大学, 2009.

[102] 田栩静, 董宝田, 张正. 地铁突发大客流安全控制方式设计 [J]. 中国安全生产科学技术, 2013, 9 (9): 199~192.

[103] 贺英松. 轨道交通车站乘客流量控制措施分析与研究 [D]. 北京: 北京交通大学, 2013.

[104] 康亚舒. 城市轨道交通车站客流控制方案的研究 [D]. 北京: 北京交通大学, 2014.

[105] 黄令海, 李海鹰, 许心越. 城市轨道交通车站动态瓶颈识别方法研究 [J]. 铁道学报, 2015, 7: 1~8.

[106] 蒋琦玮, 蔡适, 陈维亚, 等. 城市轨道交通车站客流控制决策模型 [J]. 系统工程, 2016, 35 (9): 94~102.

[107] 张蛰. 城市轨道交通车站客流集散优化控制研究 [D]. 北京: 北京交通大学, 2017.

[108] 叶丽文, 杨奎. 基于客票数据的城市轨道交通车站客流控制决策研究 [J]. 都市快轨交通, 2015, 29 (3): 16~19.

[109] 唐寿成. 地铁车站限流组织工作探讨 [J]. 铁道运输与经济, 2007, 29 (9): 48~50.

[110] 王淑伟, 孙立山, 荣建. 轨道交通站点超大客流管控措施研巧 [J]. 都市快轨交通, 2014, 27 (1): 16~18.

[111] 苗秋云. 上海赛车场站一级方程式赛车散场客流的限流与分流组合方案 [J]. 城市轨道交通研究, 2013, 16 (2): 63~66.

[112] 周庆灏, 单建平. 地铁车站超大客流的运营组织 [J]. 城市公用事业, 1998, (3): 8~9.

[113] 史小俊. 地铁车站应对大客流的组织措施 [J]. 城市轨道交通研究, 2009, 33 (20): 138~149.

[114] 于鸿飞. 城轨路网客流非均衡随机动态分配及其在运营中断时的应用研究 [D]. 北京: 北京交通大学, 2015.

[115] 国务院办公厅. 国家城市轨道交通运营突发事件应急预案, 2015.

[116] 陆化普. 交通规划理论与方法 [M]. 北京: 清华大学出版社, 2006.

[117] 李志纯，黄海军．随机交通分配中有效路径的确定方法［J］．交通运输系统工程与信息，2003，3（1）：28~31．

[118] 四兵锋，毛保华，刘智丽．无缝换乘条件下城市轨道交通网络客流分配模型及算法［J］．铁道学报，2007，29（6）：12~18．

[119] Cascetta E, Russo F, Viola F A, et al. A model of route perception in urban road networks ［J］．Transportation Research Part B：Methodological，2002，36（7）：577~592．

[120] 杜万亮．基于独立成分分析的多元回归方法研究［D］．沈阳：东北大学，2009．

[121] 宋华华．基于非线性滤波的传感器网络目标跟踪方法研究［D］．杭州：杭州电子科技大学，2012．

[122] 周大伟．视频中运动目标的结构特征提取方法［D］．长沙：国防科学技术大学，2010．

[123] 姚向明，赵鹏，禹丹丹．基于平均策略的城市轨道交通动态 O-D 矩阵估计［J］．吉林大学学报（工学版），2016，46（01）：92~99．

[124] 尹郭靖，刘国海，梅从立，等．基于粒子滤波和过程模型的动态数据校正［J］．计算机与应用化学，2011，28（07）：911~914．

[125] 翟华伟．轨道交通客流动态分布形式建模及应用研究［D］．大连：大连海事大学，2012．

[126] 李忍相．城市轨道交通客流特征研究［D］．上海：同济大学，2009．

[127] 朱婕．城市轨道交通路网局部中断条件下的客流分配方法研究［D］．北京：北京交通大学，2014．

[128] 李春晓．城市轨道交通突发事件下乘客路径选择行为建模与仿真［D］．北京：北京交通大学，2017．

[129] 尚斌，张小宁．城市轨道交通客流空间分布模型［J］．西南交通大学学报，2013，48（3）：539~545．

[130] 李雪飞．基于扩展 logit 的交通分配模型与算法研究［D］．北京：北京交通大学，2014．

[131] Lin C T. Structural controllability ［J］．Automatic Control，IEEE Transactions on，1974，19（3）：201~208．

[132] Hopcroft J E, Karp R M. An n^5/2 algorithm for maximum matchings in bipartite graphs ［J］．SIAM Journal on Computing，1973，2（4）：225~231．

[133] 付婷．城市轨道交通车站集散能力瓶颈识别［D］．北京：北京交通大学，2014．

[134] 陈绍宽，刘爽，等．基于 M/G/C/C 模型的地铁车站楼梯通道疏散能力瓶颈分析［J］．铁道学报，2012，34（1）：7~12．

[135] Daganzo C F. The cell transmission model：A dynamic representation of highway traffic consistent with the hydrodynamic theory ［J］．Transportation Research Part B：Methodological，1994，28（4）：269~287．

[136] Hänseler F S, Bierlaire M, Farooq B, et al. A macroscopic loading model for time-varying pedestrain flows in public walking areas ［J］．Transportation Research Part B：Methodological，2014，69：60~80．

[137] Zhang X, Chang G. Optimal control strategies with an extended cell transmission model for massive vehicular-pedestrian mixed flows in the evacuation zone ［J］．Journal of Advanced

Transportation，2014，48（8）：1030~1050.

［138］ 曹守华．城市轨道交通乘客交通特性分析及建模［D］.北京：北京交通大学，2009.

［139］ 唐明．客运枢纽行人交通行为模型与仿真算法研究［D］.长春：吉林大学，2010.

［140］ 胡清梅．轨道交通车站客流承载能力的评估与仿真研究［D］.北京：北京交通大学，2009.

［141］ Shi Y，Eberhart R C. Empirical study of particle swarm optimization［C］//Proceedings of the world multiconference on systemics，cybernetics and informatics，Orlando，FL，2000：1945~1950.

［142］ 中华人民共和国建设部．GB 50157—2013 地铁设计规范［S］.北京：中国建筑工业出版社，2013.

［143］ Sebastian Burghardt，Armin Seyfried，Wolfram Klingsch. Performance of stairs-fundamental diagram and topographical measurements［J］.Transportation Research Part C，2013，37：268~278.

冶金工业出版社部分图书推荐

书　名	作　者	定价(元)
铁路轨道用钢	张福成	360.00
地下轨道交通围岩稳定模拟方法与工程应用	张　彬	59.00
轨道交通用车轮技术进展	苏世怀	600.00
城市轨道交通车辆检修工艺与设备	卢　宁	20.00
城市交通管理的现代化战略研究	许春善	68.00
城市道路交叉口交通信号控制理论与实践	李　锐	28.00
交通运输系统典型问题算法设计	李海华	68.00
深度学习与智慧交通	焦海宁	58.00
城市轨道交通建设事故案例应急管理启示	北京市轨道交通建设管理有限公司	75.00
城市空间深化与交通的互馈解析	王春才	22.00
城市交通信号控制基础	于　泉	20.00
参与型城市交通规划	单春艳	29.00
交通近景摄影测量技术及应用	于　泉	29.00
交通土建机电技术	张铁志	32.00
城市地下工程施工安全预警系统构建指南	李慧民	65.00
城市地下综合管廊工程建设安全风险管理	张　勇	72.00
城市地下管线探测与测漏	雷林源	20.00
重大事故应急救援系统及预案导论	吴宗之	38.00
民航单位应急管理工作体系建设指南	熊康昊	80.00
人员密集场所事故风险评估与应急管理	陈一洲	66.00